2021年度十大行政检察典型案例

最高人民检察院行政检察厅
中国法学会行政法学研究会 / 编

2021NIANDU
SHIDA XINGZHENG JIANCHA
DIANXING ANLI

中国检察出版社

图书在版编目（CIP）数据

2021年度十大行政检察典型案例／最高人民检察院行政检察厅，中国法学会行政法学研究会编．—北京：中国检察出版社，2022.7（2022.8重印）

ISBN 978-7-5102-2765-3

Ⅰ.①2… Ⅱ.①最… ②中… Ⅲ.①行政诉讼–检察–案例–中国 Ⅳ.①D925.305

中国版本图书馆CIP数据核字(2022)第102374号

2021年度十大行政检察典型案例
最高人民检察院行政检察厅　中国法学会行政法学研究会　编

责任编辑：	柴凯菲
技术编辑：	王英英
美术编辑：	曹　晓

出版发行：中国检察出版社
社　　址：北京市石景山区香山南路109号（100144）
网　　址：中国检察出版社（www.zgjccbs.com）
编辑电话：（010）86423708
发行电话：（010）86423726　86423727　86423728
　　　　　（010）86423730　86423732
经　　销：新华书店
印　　刷：望都天宇星书刊印刷有限公司
开　　本：710 mm×960 mm　16开
印　　张：11.25　插页12
字　　数：190千字
版　　次：2022年7月第一版　2022年8月第二次印刷
书　　号：ISBN 978-7-5102-2765-3
定　　价：42.00元

检察版图书，版权所有，侵权必究
如遇图书印装质量问题本社负责调换

编 委 会

顾　　　问：杨春雷　马怀德　夏文斌

主　　　编：张相军　王敬波

副 主 编：张步洪　张立新　郑雅方

编　　　委：张步洪　郑雅方　田　力　齐占洲
　　　　　　张立新　罗　箭　韩成军　朱荣力
　　　　　　胡文正　杨冬梅　冯孝科

编写人员：刘　浩　崔　晔　高鹏志　马　睿
　　　　　　聂　影　陈肖然　依不拉依木·热孜克

摄　　　影：张玉君

2021年度十大行政检察典型案例发布会

◎ 出席"2021年度十大行政检察典型案例"发布会的有关领导和嘉宾

◎ 最高人民检察院党组成员、副检察长杨春雷致辞

◎ 中国政法大学校长、教授，中国法学会行政法学研究会会长马怀德致辞

◎ 时任对外经济贸易大学党委书记蒋庆哲教授致辞

◎ 对外经济贸易大学党委副书记、校长夏文斌致辞

◎ 对外经济贸易大学副校长、教授，中国法学会行政法学研究会秘书长王敬波现场主持

◎ 最高人民检察院第七检察厅（行政检察厅）厅长张相军公布入选案例

◎ 湖南省汨罗市委书记朱平波介绍案例情况

◎中国法学会行政法学研究会副会长、清华大学公共管理学院教授于安作点评

◎中国法学会行政法学研究会副会长、《法学家》副主编、中国人民大学法学院教授杨建顺作点评

◎中国法学会行政法学研究会副会长、清华大学法学院教授余凌云作点评

◎北京大学法治与发展研究院执行院长、《中外法学》主编、北京大学法学院教授王锡锌作点评

◎北京金融法院党组成员、副院长薛峰作点评

◎中国社会科学院法学所副所长、研究员,《环球法律评论》主编李洪雷作点评

◎ 中国政法大学比较法学研究院院长、教授，《比较法研究》主编解志勇作点评

◎ 中国政法大学法治政府研究院院长、教授赵鹏作点评

◎ 中国政法大学法治政府研究院教授刘艺作点评

◎ 北京市律师协会行政法与行政诉讼法专业委员会主任陈猛作点评

前　言

2021年是党和国家历史上具有里程碑意义的一年。在中国共产党成立100周年、党绝对领导下的人民检察制度创立90周年之际，党中央专门印发《中共中央关于加强新时代检察机关法律监督工作的意见》（以下简称《意见》），赋予检察机关更重政治责任。《意见》对全面深化行政检察监督提出明确要求，对于做实行政检察提供了重大机遇。一年来，全国检察机关行政检察部门深入贯彻习近平法治思想，心怀"国之大者"，坚持为大局服务、为人民司法，坚持依法能动履职、止于至善，持续深化做实行政检察，办理了一批具有典型性、创新性、引领性的案件。这是贯彻落实《意见》，全面深化行政检察监督的具体实践和生动注脚。

由最高人民检察院第七检察厅（行政检察厅）与中国法学会行政法学研究会共同主办、对外经济贸易大学法学院与《经贸法律评论》编辑部承办的2021年度十大行政检察典型案例评选活动，是继首届2020年度十大行政检察典型案例评选活动之后，检察机关与行政法学界、高等院校的又一次密切合作。从案例初评、终评到发布会上点评，先后有18位行政法学理论界和实务界专家学者参与本次评选活动。

此次评选出的十大行政检察典型案例和28个优秀案例，既是全国检察机关行政检察人员依法能动履职的一个缩影，也是检察机关向党和人民交出的一份年度答卷，还是对行政检察实践进行的一次年度检验。正如最高人民检察院杨春雷副检察长指出的，这些案例坚持人民至上，看似普通的"小"案，展现了行政检察为大局服务、为人民司法的"大"情怀，体现了行政检察践行新时代检察监督新理念的担当和作为。中国政法大学校长、中国法学会行政法学研究会会长马怀德教授对评选出的十大行政检察典型案例和28个优秀案例给予高度评价："每个案例都具有非常典型的意义、有代表性、有推广价值。"

一个案例胜过一打文件。此次发布行政检察年度典型案例和优秀案例，也是深入贯彻习近平法治思想和《意见》引领社会法治意识要求，落实"谁执法谁普法"普法责任制，加强以案释法，促进全面法治观念养成的具体措施，是一堂面向社会公众、让人民群众切实感受到公平正义就在身边的生动法治课。行政法学界和实务界 10 位专家学者对十大行政检察典型案例分别进行了精彩点评，赋予了行政检察案例厚重的现实意义和理论价值。

去年，我们推出《2020 年度十大行政检察典型案例》一书，获得广泛好评。此次将"2021 年度十大行政检察典型案例"和 28 件"2021 年度行政检察优秀案例"编辑成册，以案例的形式呈现中国行政检察的新发展新成果，旨在为法律和法学工作者提供可资研究借鉴的司法检察样本，为社会提供尊法学法用法守法的生动教材。

值此《2021 年度十大行政检察典型案例》付梓之际，感谢中国法学会行政法学研究会、对外经济贸易大学及其法学院，感谢为案例评选活动辛勤付出的专家学者，感谢给予评选活动大力支持的新闻媒体和广大网民朋友，感谢各地检察机关特别是勇于探索、勤于思考的案件承办检察官和案例编写人。

本书编辑组

2022 年 3 月

目 录

发布会致辞

杨春雷在"2021年度十大行政检察典型案例"发布会上的致辞 ……… 3

马怀德在"2021年度十大行政检察典型案例"发布会上的致辞 ……… 7

蒋庆哲在"2021年度十大行政检察典型案例"发布会上的致辞 ……… 10

张相军在"2021年度十大行政检察典型案例"发布会上的发言 ……… 12

张步洪在"2021年度十大行政检察典型案例"发布会上的总结
  发言 …………………………………………………………………… 14

夏文斌在"2021年度十大行政检察典型案例"发布会闭幕式上的
  总结致辞 ……………………………………………………………… 17

2021年度十大行政检察典型案例

1. 崔某诉北京市公安局某分局政府信息公开监督案 …………… 21
2. 张某诉辽宁省某县农合局履行报销医疗费用职责监督案 …… 29
3. 上海市某区检察院对交通道路标线设置不合理监督案 ……… 38
4. 王某诉江苏省无锡市某区市场监管局行政登记监督案 ……… 44
5. 福建省某县卫健局征收社会抚养费非诉执行监督系列案 …… 52
6. 某百货公司诉山东省某市人社局工伤认定监督案 …………… 60
7. 毛某诉河南省某市公安局、市政府行政处罚及行政复议监督案 … 67
8. 胡某诉湖南省某市某镇政府行政强制监督案 ………………… 76

9. 杨某诉广东省某市税务局涉税行政争议监督案 ……………… 83
10. 韦某、黎某诉陕西省某市某区建设局撤销备案登记监督案 ………… 92

2021 年度行政检察优秀案例

1. 张某等人诉天津市公安局、某区分局行政处罚和行政复议监督案 …………………………………………………… 105
2. 闫某诉河北省某市人社局工伤认定监督案 ………………… 107
3. 李某丙诉山西省某县政府撤销建设用地使用证监督案 …… 109
4. 刘某诉内蒙古自治区某市自然资源局确认行政行为违法监督案 … 111
5. 吉林省某县自然资源局申请执行非法占地行政处罚监督案 ……… 113
6. 许某等人诉黑龙江省某市人社局行政不作为监督案 ……… 115
7. 厉某诉上海市某区卫健委、市卫健委其他行政行为监督案 ……… 117
8. 潘某诉江苏省某市人社局退休行政审批监督案 …………… 119
9. 浙江省某县法院及行政机关违法减免罚款行政非诉执行监督案 … 121
10. 陈某诉安徽省某市某区人社局撤销劳动监察决定监督案 ……… 123
11. 福建省某市市场监管局未依法履行对个体工商户监管职责监督案 …………………………………………………… 125
12. 陈某甲等人诉江西省某镇、某县政府土地行政管理监督案 …… 127
13. 付某诉山东省某县国土局及第三人夏某土地登记监督案 ……… 129
14. 敖某诉湖北省某县房管局不履行行政登记职责监督案 ………… 131
15. 王某甲诉湖北省某县政府不履行行政协议虚假诉讼监督案 …… 133
16. 湖南省某县土地违法行政非诉执行监督系列案 …………… 135
17. 广西壮族自治区刘某等人诉相关行政机关不履行法定职责监督案 …………………………………………………… 137
18. 海南省某市某区检察院对某区法院超标的额查封监督案 ……… 139
19. 重庆市某区农业农村委履行农村土地流转行政管理职责监督案 … 141

20. 张某诉重庆市某区某街道办行政赔偿监督案 …………… 143
21. 四川省某县刘某非法占用基本农田行政非诉执行监督案 ………… 145
22. 贵州省某市自然资源局罚没财物管理监督案 …………… 147
23. 某供水公司诉云南省某县水务局取水许可监督案 ………… 149
24. 西藏自治区某县涉土地征收行政争议实质性化解系列案 ………… 151
25. 甘肃省某县人社局怠于履行技能培训管理职责监督案 ………… 153
26. 甲公司诉青海省某市房管局不履行补偿职责监督案 ………… 155
27. 某汽车养护中心与新疆维吾尔自治区人社厅、某市人社局及余某工伤认定监督案 …………………………………… 157
28. 新疆生产建设兵团某垦区检察院对某垦区法院违法收取诉讼费监督案 ……………………………………………………… 159

附录 相关新闻报道

2021年度十大行政检察典型案例评选结果揭晓 …… 徐日丹 刘亭亭 163
最高人民检察院发布2021年度十大行政检察典型案例 ……… 朱兴鑫 165
事关群众利益，检察机关如何办好这些"小案"？ …………… 刘 硕 166
"2021年度十大行政检察典型案例"发布会在贸大召开
……………………………… 刘 婧 王 楠 孔祥稳 满艺姗 168
"2021年度十大行政检察典型案例"发布会在贸大举行（节选）
………………………………… 王 楠 孔祥稳 满艺姗 171

发布会致辞

杨春雷在"2021年度十大行政检察典型案例"发布会上的致辞[*]

（2022年1月24日）

尊敬的马怀德会长、蒋庆哲书记、夏文斌校长，各位专家、同志们：

很高兴参加"2021年度十大行政检察典型案例"发布会。借此机会，我谨代表最高人民检察院和张军检察长，向与会的各位专家、办案单位代表致以诚挚的问候！向关心支持评选活动的中国法学会行政法学研究会和对外经济贸易大学及贸大法学院、《经贸法律评论》编辑部的各位领导和同志，向广大网民朋友、新闻媒体的朋友们表示衷心的感谢！

去年，首届年度"十大行政检察典型案例"评选活动成功举办，获得良好的社会效果，公布的案例得到专家学者的高度认可和网民点赞，这对深入贯彻习近平法治思想，密切检察机关与行政法学界交流互动，推动行政检察创新发展都具有重要意义。为了更好地总结首届年度案例评选活动的成功经验，最高人民检察院行政检察厅还会同中国法学会行政法学研究会将"2020年度十大行政检察典型案例"和20件优秀案例编辑成册，将专家点评和办案检察官的心得体会一并收录，从理论和实践两个维度对案例进行解读，更加充分地呈现新时代行政检察监督在习近平法治思想的指引下的理念创新、履职尽责和系统考量。

刚刚过去的2021年，是党和国家历史上具有里程碑意义的一年，也是党绝对领导下的人民检察制度创立90周年。对于行政检察来说，也是很不平凡的一年。党中央专门印发《中共中央关于加强新时代检察机关法律监督工作的意见》（以下简称《意见》），这在党的历史上是第一次，充分体现了以习近平同志为核心的党中央对检察机关法律监督工作的高度重视。《意见》强调要全面深化行政检察监督，检察机关依法履行对行政诉讼活动的法律监督职能，促进审判机关依法审判，推进行政机关依法履

---

[*] 杨春雷，最高人民检察院党组成员、副检察长、检察委员会委员，二级大检察官。

职,维护行政相对人合法权益;在履行法律监督职责中发现行政机关违法行使职权或者不行使职权的,可以依照法律规定制发检察建议等督促其纠正;在履行法律监督职责中开展行政争议实质性化解工作,促进案结事了。这既为加强新时代行政检察工作提供了重要机遇和有力保障,也对履行行政检察监督职责赋予了更重责任。本届评选活动,历经案件遴选、专家初评、公众投票、专家终评、对外发布等环节,每个环节都是对一年来行政检察工作成果的检验,从中我们有不少体悟和启示:

第一,办"小"案需要大情怀。本次评选,对外公布的38件参评案例,是从全国检察机关行政检察部门上报的案例中逐件研究、分析,综合考虑监督有效、纠正有力、导向正确、效果良好等方面确定的。这些案例,坚持人民至上,立足解决人民群众的实际诉求,回应人民群众的法治需求,看似是一件件普通的"小"案,实则展现了行政检察为大局服务、为人民司法的"大"情怀。一年来,行政检察结合党史学习教育和检察队伍教育整顿,围绕服务保障"六稳""六保"、市场主体平等保护、农民工工资支付、耕地保护等党和国家工作大局,依法自觉能动履职,切实扛起服务经济社会高质量发展的政治责任、法治责任和检察责任。这些案例凝聚了广大行政检察干警的心血,反映着做实行政检察的轨迹,可以说是行政检察工作的缩影。

第二,办"旧"案需要新理念。检察机关办理的行政诉讼监督案件,大多经过了一审、二审、再审审查,不少还是诉争多年争议未解的陈年旧案。办理这类案件,既要尊重原来的基础事实,尊重当时的法律适用,又需要在准确判断的基础上关照现实,在办案中以适应新时代新阶段的检察监督新理念指导推动行政检察创新发展。一年来,行政检察坚决落实党中央全面深化行政检察监督新要求,在践行精准监督、在监督中办案在办案中监督、"穿透式"监督、双赢多赢共赢、助力国家治理等新理念上下功夫,不断提高行政检察监督质效,注重在法律适用、政策导向、司法理念方面有纠偏、创新、引领价值的典型案件的办理,尤其是落实《意见》"在履行法律监督职责中开展行政争议实质性化解工作,促进案结事了"的要求,坚持把行政争议实质性化解作为推动"检察为民办实事"实践活动的重要载体,解民忧破难题,共化解行政争议9100余件,发布以行政争议实质性化解为主题的指导性案例6件,典型案例39件。这些参选案例融入了行政检察践行新时代检察监督新理念的担当和作为。

第三，行政检察的价值需要典型案例来呈现。一个案例胜过一打文件。习近平总书记强调，"法治建设要为了人民、依靠人民、造福人民、保护人民。必须牢牢把握社会公平正义这一法治价值追求，努力让人民群众在每一项法律制度、每一个执法决定、每一宗司法案件中都感受到公平正义"。进入新时代，人民群众不仅要求实体公正，对程序公正也有更高的需求；不仅期盼公平正义，更期待以可感可触的方式实现。这次案例评选活动通过社会公众投票、专家学者评分等环节，得到广大网民和专家学者的高度认可，获得了良好的社会效果。办理这些案件的过程和对这些典型案例的解读传播，有利于发挥案例的示范、引领、教育作用，助推法治国家、法治政府、法治社会建设，也是落实"谁执法，谁普法"要求，加强法治宣传教育，促进全社会养成法治观念，让人民群众在每一个案例中感受到公平正义。

第四，行政检察创新发展需要深化检学合作。一年来，最高人民检察院搭建行政检察理论研究平台，成立中国法学会检察学研究会行政检察专业委员会，举办首届做实行政检察论坛，会同武汉大学行政检察研究中心举办首届行政检察高质量发展论坛，各地成立行政检察研究基地50多个。借助这些平台，检察机关加强与专家学者的沟通交流，凝聚研究力量，形成了一批有价值的检察理论研究成果。年度行政检察十大典型案例评选，是最高人民检察院和中国法学会行政法学研究会精心打造的检学合作重要平台。本次年度行政检察十大典型案例评选活动得到中国法学会行政法学研究会和对外经贸大学及其法学院的鼎力支持，是检察机关与行政法学界、高等学校密切合作交流的进一步深化。

2022年是进入全面建设社会主义现代化国家新征程、向着第二个百年奋斗目标进军的重要一年。各级检察机关行政检察部门要以年度行政检察十大典型案例评选活动为契机，深入贯彻习近平法治思想，从百年党史中汲取奋进力量，持续做实行政检察，以行政检察高质量发展助推经济社会高质量发展，以优异成绩迎接党的二十大胜利召开。借此机会，提三点建议：

一要着力提升行政检察监督质效。案例好，归根结底是案件办得好。对于有影响的案件，从办案之初，就要敏锐发现案件的独特性，加强对下级检察院的办案指导，从一开始就朝着办成典型案例的目标去培养。各级检察机关行政检察部门要全面落实《意见》，认真落实"质量建设年"要求,把监督的重心放到提质量、增效率、强效果上来,全面提升法律监督质效。要践行精准监督理念,强化调查核实、公开听证、智慧借助、案例检索等精细化审查,加强跟踪问效,加强跟进监督,努力将"年度十大行政检察典型案例评选"打造成推动法治中国建设的亮丽品牌。

二要持续深化与行政法学界的互动交流。行政检察起步晚、底子薄,作为具有中国特色的检察制度,行政检察的实践深入推进,一方面为行政检察理论研究提供了丰富的素材,另一方面遇到的不少重大问题也迫切需要从理论上作出科学回答,亟须行政法学界和各位专家学者的大力支持。本次评选活动,是检察机关与行政法学界的又一次密切合作。各级检察机关要增强智慧借助意识,持续加强与中国法学会行政法学研究会的交流互动,在理论研究、案件办理、公开听证、挂职锻炼等方面深化合作,不断发展和完善中国特色社会主义行政检察理论和制度体系。

三要抓实案例研究和传播。案例的价值在于应用。这些评选出来的年度十大行政检察典型案例和优秀案例,从一个侧面体现着法治国家、法治政府、法治社会建设的状况,具有独特的研究价值。各级检察机关行政检察部门要积极争取行政法学界各位专家学者的支持,发挥好行政检察理论研究平台的作用,加强对行政检察案例的研究,形成一批有价值的案例理论研究成果。恳请各位专家学者对行政检察工作保持持续的关心关注,恳请新闻媒体的朋友们加强对案例的深度挖掘和传播,一如既往地指导和帮助我们讲好行政检察故事,为人民群众提供更好、更优质的法治产品、检察产品。我们也将尽心竭力提供协助支持。

马怀德在"2021年度十大行政检察典型案例"发布会上的致辞*

(2022年1月24日)

尊敬的杨春雷副检察长、蒋书记、夏校长，各位领导、各位专家、各位检察官朋友、各位媒体朋友们：

大家上午好！

一年的时间过得真快，记得去年的1月28日，我们在对外经济贸易大学举行了首届"十大行政检察典型案例"的发布会。一年时间过去，我们在这里迎来了第二届"十大行政检察典型案例"的发布会。首先，我代表中国法学会行政法学研究会，热烈祝贺本年度"十大行政检察典型案例"的发布，并向入选案例的办案机关、案件承办人表示祝贺！同时也向蒋书记、夏校长长期以来对行政检察业务、特别是对行政法学研究会工作给予的关心支持表示感谢！

为什么我们要每年评选发布"十大行政检察典型案例"？因为它具有充分的"典型性"，具有办理一案、治理一片、惠及一方的效果。今年遴选出来的这10个典型案例和28个优秀案例都具有非常典型的意义，这种典型意义至少表现在三方面：一是有代表性，代表了一年来行政检察业务中涌现出的优秀案件；二是有推广价值，案件办理的质量高、效果好，形成了一些可复制、可推广的经验；三是有创新探索，在去年发布的典型案例基础上有新的思路和突破，取得了新的进展和成绩。

与此同时，这些案例也反映出行政审判、社会治理中的一些代表性问题，我概括为以下几个方面。

第一，行政审判中对合法性审查原则和解决行政争议的目的的认识还存在不够深入的地方。我们发布的这些行政检察典型案例，实际上都是针对已生效的行政裁判进行的，而之所以需要在生效裁判的基础上推进行政

---

* 马怀德，中国政法大学校长、教授，中国法学会行政法学研究会会长。

争议的实质性化解，就是因为我们对合法性审查原则的认识还不完整。1989年制定的《行政诉讼法》以合法性审查为基本原则，2014年修订的时候，把解决行政争议作为行政诉讼的重要目的之一写进了法律，这是对原来合法性审查原则的一个重要补充。这意味着行政审判不仅要追求形式正义，还应该追求实质正义，不能只审查行政行为的形式合法性，也要实质性解决行政行为引发的行政争议。比如今天发布的崔某诉北京市公安局某分局政府信息公开监督案，表面上是一个政府信息公开案件，但实质上是一个户口登记和公租房权属的争议案件，法院如果只是简单认为信息不存在，驳回原告诉讼请求的话，是解决不了实际问题的。这类问题在未来还值得继续关注。

第二，不能机械适用法律。无论是在行政执法中，还是在司法裁判中，都不能机械地适用法律。例如，今天发布的案件中，有一个医疗费用报销案件，主管部门调查认定当事人因为交通事故导致受伤，而决定不予报销，理由是《辽宁省新型农村合作医疗项目范围》规定了因"交通事故"发生的诊疗费用不属于新农合的报销范围。但是，从社会保险法的立法目的出发，"交通事故"不予报销指的是有第三方责任人的侵权交通事故，由第三人承担责任，受害人不用请求报销。在没有第三人侵权的情况下，发生交通事故以后属于报销的范围。主管部门只看到《辽宁省新型农村合作医疗项目范围》的字面规定，而忽略了上位法的立法精神，显然属于机械适用法律。对于这类问题，我们应该反复思考，是不是法律法规字面上怎么规定就怎么执行，还是要更多考虑法律条文背后的含义、精神、原则，作出更全面的理解。当前很多程序空转的案件就是机械适用法律造成的影响。

第三，社会治理的水平还需要进一步提高。今天公布的案例中有一个涉及公安交管部门治理水平的案件。正是因为主管部门道路标线设置得不合理，才导致大量、反复的违法行为和认定违法事实上的争议。检察机关通过行政检察监督，向公安机关提出类案检察建议，公安机关纠正了不合理的道路交通标线，该路段的违法数量明显下降，交通秩序得到明显改善，社会治理状况有了明显提升。

第四，执法和审判理念需要转变。比如今天发布的颜某等人与福建省某县卫健局征收社会抚养费执行监督系列案，在国家已经全面实行"三孩"政策，并取消社会抚养费的情况下，如果还去强制执行过去作出的社会抚养费的征收决定，显然是不适当的。这就要求行政机关要及时转变、更新执法的理念。

通过以上分析可以看出，行政检察业务的独特价值在于可以透过现象看本质，其既是穿透式监督，也是能动式监督，能够有效纠正行政程序中的违法不当行为，并解决行政诉讼程序空转问题。最后，我提一个建议，即适时修改相关法律规定，为行政检察业务提供法律保障。虽然行政诉讼法明确规定了抗诉制度、检察监督制度，但是对于抗诉过程中、检察监督过程中检察机关到底能用什么手段、采用什么方法、用什么程序来开展监督，行政诉讼法没有明确和细致的规定。现在行政检察工作中普遍采用的听证制度等都没有明确的成文法规定，影响了检察机关发挥能动作用。所以，我们一直主张尽快修改法律，为行政检察提供相应的制度保障。

蒋庆哲在"2021年度十大行政检察典型案例"发布会上的致辞[*]

(2022年1月24日)

尊敬的杨春雷副检察长,马怀德会长,各位来宾、老师们、同学们:

大家上午好!

在岁末年初、辞旧迎新之际,我们隆重举行"2021年度十大行政检察典型案例"的发布会。首先,我谨代表对外经济贸易大学,向参会的各位领导、来宾、专家学者表示热烈的欢迎!对大家长期以来给予学校的关心和支持表示衷心的感谢!

众所周知,行政检察监督是人民检察事业的重要组成部分,是国家行政权力制约和监督体系中的重要一环,对促进我国法治政府建设,推进国家治理体系和治理能力现代化具有重要作用。特别是党的十八大以来,在习近平新时代中国特色社会主义思想特别是习近平法治思想的指引下,行政检察牢记初心使命,持续深化做实,以案结事了、人和政和为目标,在近乎于荒漠中描绘出了与民同行的新美图画。在过去的一年里,全国检察机关深入贯彻习近平法治思想,全面落实《中共中央关于加强新时代检察机关法律监督工作的意见》,办理了一批质量高、效果好的行政检察监督案件。去年年初,我们在贸大举办了首届十大行政检察案例发布会,在社会上引发了积极反响。今天,我们在此,共同见证"2021年度十大行政检察典型案例"的发布,既是对行政检察过去一年成绩的总结和回顾,也寄托着对未来的希冀和展望。我们相信,在去年良好基础上,我们一定能够"百尺竿头更进一步",更好实现"以评促建""以案释法"的目标,更好推进行政检察工作的发展。

对外经济贸易大学是一所拥有经、管、文、法、理、工等门类,以国际经济与贸易、国际经济法、金融学、会计、企业管理、商务外语等优势

---

[*] 蒋庆哲,时任对外经济贸易大学党委书记、教授。

专业为学科特色的多科性财经外语类全国重点大学,也是国家"双一流"学科建设高校。法学学科一直是学校的传统优势学科之一,也具有鲜明的国际化和实践特色。目前,学校法学院已经成为中国涉外卓越法治人才培养的重镇,国际法、民商法、行政法、经济法等学科在业界产生了重要的影响。去年3月,学校也集中优质资源、发挥学科优势和研究专长,筹建了对外经济贸易大学涉外法治研究院,在涉外卓越法治人才的培养和与涉外法治的相关理论研究上处于国内领先地位。今后学校将继续以涉外法治为教学和科研特色,努力建设特色鲜明的世界一流法学院,服务国家重大发展战略。

在此,也衷心希望,学校能和最高人民检察院、中国法学会行政法学研究会进一步加强联系和合作。一方面,继续做好十大行政检察案例的评选和发布工作,将行政检察典型案例的评选发布打造为重要的品牌活动。另一方面,围绕贯彻落实习近平法治思想、推进法治中国建设、加强新时代检察机关法律监督工作等重要内容,继续探索更丰富、更多样的合作形式,实现共赢多赢!

张相军在"2021年度十大行政检察典型案例"发布会上的发言*

(2022年1月24日)

各位嘉宾,各位专家,同志们、朋友们:

感谢大家对一直以来对最高人民检察院第七检察厅和行政检察工作的厚爱、关心和支持!受评选活动主办方委托,现在我简要报告评选过程,并宣布"2021年度十大行政检察典型案例"评选结果。

一、关于评选过程

整个评选活动分为公开遴选、专家初评、公众投票、专家终评、对外发布等环节。

公开遴选及专家初评。2021年各级检察机关深入贯彻习近平法治思想,全面落实《中共中央关于加强新时代检察机关法律监督工作的意见》,行政检察部门结合党史学习教育和检察队伍教育整顿,围绕服务保障"六稳""六保"、市场主体平等保护、农民工工资支付、耕地保护等党和国家工作大局,全面深化行政检察监督,扎实办好检察为民实事,开展土地执法查处领域行政非诉执行监督专项活动,办理了一批质量好、效果好的案件,我们从各地择优上报的百余件案例中,筛选出"十大行政检察典型案例"备选案例,经由中国法学会行政法学研究会组织专家初评,确定38个参选案例。

公众投票及专家终评。参选案例公众投票于1月11日启动,在检察日报App开设专题,最高人民检察院公众号、法治政府研究院公众号分别开设投票通道,检察日报正义网、对外经济贸易大学法学院、经贸法律评论、中国法律评论等公众号陆续发布,广大读者和网友参与投票。同时,中国法学会行政法学研究会组织15位专家对38个参选案例进行终评,分

---

* 张相军,最高人民检察院第七检察厅厅长,一级高级检察官。

别打分排序。

综合公众投票名次和专家终评名次，最终确定2021年度十大行政检察典型案例。

二、关于评选结果

现在我宣布，获得"2021年度十大行政检察典型案例"的是（按行政区划排序）：

1. 崔某诉北京市公安局某分局政府信息公开监督案
2. 张某诉辽宁省某县农合局履行报销医疗费用职责监督案
3. 上海市某区检察院对交通道路标线设置不合理监督案
4. 王某诉江苏省无锡市某区市场监管局行政登记监督案
5. 福建省某县卫健局征收社会抚养费非诉执行监督系列案
6. 某百货公司诉山东省某市人社局工伤认定监督案
7. 毛某诉河南省某市公安局、市政府行政处罚及行政复议监督案
8. 胡某诉湖南省某市某镇政府行政强制监督案
9. 杨某诉广东省某市税务局涉税行政争议监督案
10. 韦某、黎某诉陕西省某市某区建设局撤销备案登记监督案

张某等人诉天津市公安局、某区分局行政处罚和行政复议监督案等28件案件，获得"2021年度行政检察优秀案例"。

恭喜以上获奖案例及办案单位！

2022年，我们将深入贯彻习近平法治思想，持续落实《中共中央关于加强新时代检察机关法律监督工作的意见》，坚持党的绝对领导，坚持人民至上，全面深化行政检察监督，办好关系人民群众切身利益的每一件"小"案，更加重视发挥典型案例的示范、引领和指导作用，让人民群众切实感受到公平正义就在身边，以实际行动迎接党的二十大胜利召开。

最后，再次感谢中国法学会行政法学研究会、对外经济贸易大学的倾力支持，感谢各位专家学者的智慧相助，感谢新闻媒体朋友的大力支持，感谢办案单位和公众的积极参与！

张步洪在"2021年度十大行政检察典型案例"发布会上的总结发言[*]

（2022年1月24日）

各位领导、各位学界和检察同仁，中午好！

受张相军厅长委托，我在夏文斌校长做总结讲话之前做个发言。我想用三个词表达此刻的心情：

第一，感谢。感谢中国法学会行政法学研究会，感谢贸大，感谢贸大法学院和《经贸法律评论》编辑部的各位法学同仁，感谢各位专家鼎力支持，感谢媒体的朋友，感谢致力于司法办案的全国行政检察同仁为丰富行政检察实践所付出的努力！

第二，收获。此次案例评选，我们的收获不仅有认可和好评，更重要的是通过这次理论年检，使得评价和衡量行政检察办案质效的理论标准和社会视角更加丰富具象。开幕式上杨春雷副检察长对于办好行政检察案件提出了一系列的新要求，马怀德会长对于我们做好行政检察工作也有新的期待，张相军厅长公布入选案例之后，10位专家对评选出的十大案例做了点评。各位的点评具有很强的理论性、针对性，我尝试做一个概括，不当之处请各位专家理解、批评。

于安教授提出，在"某百货公司诉山东省某市人社局工伤认定监督案"中，检察机关围绕核心争议开展调查，准确作出判断，为推动当事人实现权利诉求选择了一个最佳法律路径，最大限度地推动实现社会公平正义。

杨建顺教授提出，在"杨某诉广东省某市税务局涉税行政争议监督案"中，检察机关督促行政机关补正执法行为，推动行政机关建章立制，获得了办理一案、治理一片的效果，认为此案是行政检察监督法学的典范。

---

[*] 张步洪，最高人民检察院第七检察厅副厅长，二级高级检察官。

余凌云教授针对"毛某诉河南省某市公安局、市政府行政处罚及行政复议监督案"分析合村并城项目形成的法律关系，通过代执行法律关系分析毛某请求行为应该由政府对外承担责任的法理。

王锡锌教授提出，"胡某诉湖南省某市某镇政府行政强制监督案"，好就好在实事求是、面向实质、依法做实、追求实效。

薛峰副院长认为，"王某诉江苏省无锡市某区市场监管局行政登记监督案"中，检察机关通过办案优化了营商环境，实现三个效果的有机统一。

李洪雷研究员提出，"福建省某县卫健局征收社会抚养费非诉执行监督系列案"体现了检察机关对法治规律的尊重，体现了执法的温度。

解志勇教授提出，"上海市检察机关对道路交通标线设置不合理监督案"展现了检察机关的专业素养，检察机关没有纠结于标线行为的性质，而是针对交通标线的科学性进行监督。他认为着眼于实体规则是行政检察行稳致远的重要前提。

赵鹏教授提出，"崔某诉北京市公安局某分局政府信息公开监督案"是检察机关探索新时代行政检察功能定位的一个范例。

刘艺教授分析了"张某诉辽宁省某县农合局履行报销医疗费用职责监督案"的制度意义、理论意义和指导意义。同时，对建立同经济发展水平相适应的社会保障制度也提出了思考。

陈猛主任针对"韦某、黎某诉陕西省某市某区建设局撤销备案登记监督案"分析了基层治理的主体问题，复议、诉讼、检察监督相衔接问题，称赞了检察机关的担当精神。

各位专家对案例的学术提炼、理论提升赋予行政检察案例厚重的现实意义和理论价值，这些评价既是对行政检察工作的认可，更是对行政检察工作的期待、鼓励，也为我们做好行政检察工作提出了理论上的新标准、新目标。

我谨代表全国行政检察同仁在这里表个态：新的一年，我们将以习近平法治思想为指导，以更高的标准和追求，进一步提升行政检察工作质效，争取在一年后评选出的2022年度十大行政检察典型案例再上一个新台阶。

第三，信心。理论支持、制度支撑给予我们做好行政检察工作更加坚实的实践勇气。中国检察制度极具中国特色，行政检察是中国特色社会主义检察制度中最具中国特色的内容。1989年行政诉讼法赋予检察机关行政诉讼监督职能，不仅是为了监督制约审判权，更多的是为了补强审判权监督行政权之不足。在深化司法体制改革中，通过修改行政诉讼法有关抗诉与再审的事由，检察机关对行政诉讼的监督又被赋予了权利救济的功能。根据法律规定，行政检察监督主要采取两种方式：抗诉和检察建议。除抗诉具有必然启动再审程序的效力之外，更多地以检察建议的方式。检察建议的效力和行政法学上的行政指导具有诸多相似之处。检察机关在准确事实判断、价值判断的基础上适用法律，以党中央坚强领导下的全面从严治党、全面依法治国作为政治保障，以审判机关、行政机关的积极回应发挥作用。检察机关是诉求倾听者、事实发现者、程序推动者，被建议机关根据检察建议履行职责、回应诉求，借助检察监督和其他监督制度实现了有关机关自行纠错、融合贯通。行政检察工作者将一如既往地秉持以人民为中心的理念，立足法律监督职能，全力办好每一个案件，推动当事人的正当诉求得以实现，保障符合法治要求的行政目标以合理的成本实现。

夏文斌在"2021年度十大行政检察典型案例"发布会闭幕式上的总结致辞*

（2022年1月24日）

尊敬的杨春雷副检察长，马怀德会长，各位来宾：

大家好！

继去年成功举办"2020年度十大行政检察典型案例"发布会后，在各级领导的关心支持下，在最高人民检察院第七检察厅和中国法学会行政法学研究会的指导下，贸大再度承办了"2021年度十大行政检察典型案例"的评选和发布工作。今天的发布会圆满完成了预定的各项议程，即将落下帷幕。在此，我代表活动的承办方对外经济贸易大学，向入选案例的办案单位和案件主办人员表示祝贺，也向参与本次评选的各位专家表示衷心的感谢！感谢你们的辛苦付出！

2021年是中国共产党成立100周年，也是中国共产党领导下的人民检察制度创立90周年。党中央专门印发了《中共中央关于加强新时代检察机关法律监督工作的意见》，充分彰显了党中央对检察机关法律监督工作的高度重视。全国各级检察机关以习近平法治思想为指导，全面深化行政检察监督工作，取得了重要的成绩。我们所进行的评比，正是对这些宝贵的经验和成绩进行提炼总结，从而更好为未来提供指导。

我连续参加了2020、2021两个年度"十大行政检察典型案例"的发布会。我深刻感受到，我们所开展的评选活动，具有以下三个方面的重要意义：

第一，以评促建，推进行政检察工作质效提升。我们今天发布了十个典型案例，内容涵盖了政府信息公开、行政登记、行政收费等多个领域。加上2020年度评选出的十大案例，我们已积累了20个具有较强典型意义、指导意义的高质量案件，并且在未来还会有更多。相信这些案例能够充分

---

* 夏文斌，对外经济贸易大学党委副书记、校长。

发挥标杆、示范作用,有效指导各级检察机关提升履职办案能力,推进行政检察工作质效提升。

第二,以比促学,推动行政检察理论深入发展。在十大案例的评选过程中,我们有幸邀请到了各位行政法学界的著名专家学者,对参选案例进行多维度的考察和评比,并对最终选出的案例作深入、细致的评议,真正实现了"以实践厚植理论根基,以理论反哺实践发展"。相信通过专家的点评,我们各级检察机关的办案人员也能够进一步提升理论素养,强化理论自觉,全方位提升办案能力。

第三,以案释法,增进全社会法治信仰。本次典型案例的评选和发布既是面向各级检察机关的工作评价,也是一堂面向社会的生动法治课。通过公众投票、专家点评,我们的"十大案例"和其他候选案例在社会上产生了积极的反响,充分发挥了案例作为普法教材的作用,深化了人民群众对行政检察工作的了解和信任,让人民群众在每一个行政检察案件中感受到了公平正义。

基于以上的这些重要意义,这项活动我们还要高质量地继续办下去,而且要办得越来越好!

最后,我代表对外经济贸易大学,再次对各位嘉宾能够莅临贸大并参加今天的发布会表示感谢。期待我们未来能够在习近平法治思想的指导下,继续以十大典型案例的评选为纽带,共同推动行政检察工作不断发展进步,共同为法治中国建设贡献力量!

2021年度十大行政检察典型案例

1. 崔某诉北京市公安局某分局政府信息公开监督案

【关键词】

行政裁判结果监督　抗诉政府信息公开

【案例简介】

崔某与马某再婚后将户口迁入某胡同17号公房承租人马某处。2013年马某去世。2014年，马某长子及孙子将户口迁入某胡同17号。崔某得知此事，认为马某已经去世，北京市公安局某分局（以下简称某分局）未经户主同意不应办理户口登记，遂向某分局申请公开"某胡同17号户籍信息中马某长子及马某孙子迁入的文件信息"。某分局答复该信息不存在。崔某诉至北京市某区法院，某区法院判决驳回崔某的诉讼请求，崔某上诉、申请再审均被法院驳回。

崔某向北京市某检察院申请监督。某检察院听取了崔某和某分局的意见，到北京市公安局人口总队座谈调研并向东城、丰台等分局询问实践中户口迁移的做法，查明，户口迁入材料中有一份已去世的"马某"签字的《户主同意书》，实践中市内户口迁移要求双方到场，不能到场的，公安部门会要求提供户主授权书或户主同意书。检察机关还了解到，马某去世后，其公房的承租人已依法变更为崔某，但崔某被马某长子及孙子赶出家门，居住条件十分恶劣，崔某的腾房诉讼已判决但迟迟未执行。某检察院认为，《户主同意书》是某分局办理马某长子及孙子户口迁入的依据，某分局认为该份《户主同意书》并非办理这次户口迁移的依据、不属于审批信息，因此未向崔某公开的理由不充分，法院判决存在认定事实不清、适用法律错误的情况。某检察院提请上级检察院抗诉，上级检察院提出抗诉，该案发回重审并得到改判。

某检察院提请抗诉后开展化解工作，与公安机关和法院执行部门沟通协调，目前，公安机关为崔某办理了新的户口簿，民事判决亦及时得到执行，崔某已搬回原住所居住。

【意义】

坚持以人民为中心,就是要在办案中将解决人民群众的实际困难放在首位。检察机关坚持"穿透式"监督和"能动监督"的工作理念,在依法对行政案件进行监督的同时,将抗诉的势能转化为解决纠纷的动能,积极与法院和行政机关沟通协调,解决老百姓的困难,让老百姓有实实在在的获得感。

办案心得体会

将抗诉的势能转化为化解纠纷的动能，促成案结事了

刘薇* 景滔**

一是更新理念、借势而为。2021年，党中央发布了《中共中央关于加强新时代检察机关法律监督工作的意见》，对检察工作提出了更高的目标要求和明晰的方向指引。最高人民检察院针对行政检察提出了"穿透式"监督的新工作理念，大力推动行政检察工作向力度更强、质效更高、范围更广的方向发展。高层的这些动作，为我们一线办案人员增加了压力，也提升了动力。为了跟上新时代的新要求，我们强化理念更新，逐步摒弃了之前的就案办案、书面审查的方式，充分运用人民检察院组织法赋予我们的调查权，对受理的案件展开更主动、更深入的调查了解，充分了解当事人的诉求以及产生纠纷的根源，找出行政行为不合法、不合理的点以及产生原因、改革的桎梏，有针对性地进行检察监督和争议的实质性化解。

二是深究细问、办实办精。崔某向检察机关提出行政诉讼监督后，承办检察官通过看卷，初步判断这个案件没有表面看起来这么简单，因为北京作为千万人口的首都，在核心城区之间迁移户口不可能没有申请材料存档。于是承办检察官向双方当事人进行了调查了解。崔某陈述，其援助律师在某派出所查到了相关户口迁移档案，其中有一份老伴儿马某签名的《户主同意书》，但签字的时间是马某去世1年后，显系伪造。承办检察官调取该证据后立刻向某区公安分局进行了询问，其申辩说，按照北京市公安局《关于贯彻落实公安部"为人民服务，树公安新风"活动十条要求有关办理户口证件的具体规定》第2条关于实行15个"立即就办"的规定，因本案户口迁移涉及直系亲属，不需要审批手续，该份《户主同意书》并非办理户口迁移的依据，因此未向崔某公开。承办检察官认为该理由不成

---

* 北京市人民检察院第二分院三级高级检察官。
** 北京市人民检察院第二分院三级高级检察官。

立。北京市公安局的规定是针对"理由正当、手续完备，符合现行户口政策"的情况"应立即办理"，并不是全面放开，不设条件，来了就办。某区公安分局将崔某申请获取的"迁入文件的信息"理解为"审批"信息，无事实依据地限缩了崔某申请的信息的外延，是不对的。

为了更准确地把握案情，承办检察官来到北京市公安局人口总队就北京市户籍管理的相关规定、政策进行了座谈，又向北京市其他城区公安分局询问实践中户口迁移的通常做法。查明：办理户口迁移除了要按照《户口登记条例》的规定提交各项材料外，为避免纠纷，北京市各区公安分局在办理户口迁移时，还要按照《北京户籍管理条例实施细则》的规定，要求双方都到场，不能到场的要提交授权委托书或户主同意书。

了解这些情况后，承办检察官认为法院在审理案件过程中，未能注意到办理北京市内户口迁移登记程序及申请人须提交必要手续的相关法律文件的规定，轻信了某区公安分局的陈述，未按照最高人民法院《关于审理政府信息公开行政案件若干问题的规定》第5条"被告主张政府信息不存在，原告能够提供该政府信息系由被告制作或者保存的相关线索的，可以申请人民法院调取证据"的规定，拒绝了崔某请求法院调取证据的申请，在未查明事实的情况下，即判决驳回崔某的诉讼请求，存在认定事实不清、适用法律错误的问题，故向北京市人民检察院提请抗诉。北京市人民检察院抗诉后，人民法院进行了再审并最终改判。

一件看似简单的政府信息公开案件，承办检察官通过深入调查案件事实、深入解读法律规定，终将其办成了精品案件。

三是攻坚克难、为民解忧。案结并不意味着事了。崔某提起的政府信息公开案件只是她艰难维权过程中的一个环节，并不是她真正想通过诉讼达到的目的。承办检察官了解到，崔某的老伴儿马某去世后，马某儿子就把崔某赶出了家门，户口本也给拿走了。崔某本人并无子女，她无处投奔，临时居住的地下室条件十分恶劣。崔某诉马某儿子的腾房诉讼虽已判决，但迟迟未能执行。表面上看，崔某提起的是一件政府信息公开案，但将马某儿子及孙子的户口从涉案房屋中迁出，并且让马某儿子将抢占的房屋腾退，归还给崔某居住，才是崔某真正想要的结果。

按照从前就案办案的思路，不能从根本上解决崔某的实际困难，也无法做到定分止争。崔某打了一圈行政诉讼，即使千辛万苦得到了法院改判的判决，也还是不能使她糟糕的生存困境得到改善。在本案的办理中，承办检察官做到了真正把人民群众的疾苦放在心上，秉持"实质性化解行政争议"的工作理念在工作中充分利用抗诉的"势能"，将之转化为解决纠纷的"动能"，通过积极主动的工作，反复与公安机关、街道、法院执行部门等多方进行沟通协调，向马某儿子作了充分的释法说理。最终，马某儿子被"请"出了涉案房屋，崔某搬回了原住所，民事判决得到了执行。公安机关为崔某办理了新的户口簿。崔某与房管所重新签订了公房租赁合同。至此，案件圆满了结。

看似一件"小案"，但它关联到人民群众的切身利益就不是小案。新时代的检察人就是要把"小案"办精，让人民群众在每一个案件中感受到法治的光辉、感受到公平正义，感受到满满的获得感和幸福感。

专家点评

发挥"穿透式"监督功能，推动行政争议实质性化解

赵 鹏[*]

一是检察机关工作态度严谨，工作思路清晰，积极行使调查核实权，抓取案件线索敏锐。其一，将调查核实公安机关户口迁移登记行为的程序标准作为首要工作，以保障监督精准度，同时也是为后续案件线索的发现以及对公安机关依法行政进行"穿透式"监督奠定基础；其二，在因户籍管理领域立法滞后，各地结合本区域的人口政策和发展情况制定规范性文件冗杂的背景之下，检察机关仍然一丝不苟地对法律法规进行了梳理，同时通过开展座谈会、询问走访等形式灵活调查核实，最终查清被告辖区户口迁移登记程序要求"双方到场，不能到场的，派出所也会要求提供户主授权书或者户主同意书"这一重要事实，为提起抗诉乃至最终实质性化解纠纷创造了条件。值得一提的是，在行政纠纷中，原告往往因信息、资源等方面的弱势，难以获取案件的线索证据等，这也在一定程度上影响了后续诉讼的公平公正进行，甚至会造成"案结事未了"的窘境。检察机关作为实现国家治理能力和治理体系现代化的重要角色，相比于普通公民拥有强大而广泛的调查权，对于该权力的积极行使、灵活运用是发挥行政检察监督职能的重中之重。本案中检察机关对调查权的行使合法合理，对于同类案件的办理具有较强的示范作用。

二是检察机关对法律的理解准确到位，对行政活动的监督纠正作用明显。在两审过程中，公安机关对崔某申请公开之"文件信息"的范围界定有误，限缩性地将其解释为"审批信息"，两审法院对此亦予以认可。检察机关准确理解《政府信息公开条例》相关规定，并以第2条"本条例所称政府信息，是指行政机关在履行行政管理职能过程中制作或者获取的，

---

[*] 中国政法大学法治政府研究院院长、教授。

以一定形式记录、保存的信息"之规定为依据,主张法院对公安机关限缩解释的认可,缺乏事实与法律依据。结合之前对户口迁移登记程序标准的调查结果,检察机关认为崔某申请公开的"文件信息"应当包括公安机关获取的《户主同意书》,并以此推动了诉讼的公正裁判,纠正了公安机关及法院之前事实认定及法律适用的错误。

三是检察机关在本案中充分发挥了"穿透式"监督的功能,成功克服了行政诉讼中容易出现的片段化、局部化、"案结事未了"的弊病,推动了行政争议的实质性化解。从学理角度来看,行政行为是行政诉讼中适法性考察的基本单元。换言之,传统行政行为学理是以处于固定时点的局部决定,作为整体过程的法律效果的判断基准,有学者将行政行为的这种观察方式形象地描述为"瞬间抓拍"。瞬间抓拍使这种传统学理不可避免地带有局部化、片段化的局限,而无法关照到现代行政的整体过程。除对整体过程进行局部截取外,这种片段式观察还带有静态化的弊病,它不仅对行政决定的产生过程缺乏向前的"回顾",也往往将行政行为的法律效果"向后"予以固化,认为行政行为所产生的法律关系及其法律效果,均凝结于行为的生效时点。鉴于此,行政诉讼围绕行政行为的审查在很多情况下无法因应实践中动态复杂的纠纷,不可避免地导致"案结事未了"的风险存在。对此,"穿透式"行政检察监督的落实显得尤为重要。本案中的检察机关坚持以问题为导向,以人民为中心,将解决人民群众的实际困难放在首位,实际落实"穿透式"监督,充分发挥制度效能。为妥善解决纠纷,案件提请抗诉后,在市院的主持下,办案组与公安机关展开沟通,共同商议户口登记问题的解决办法。办案组还对民事案件持续跟进,协同某区检察院与某区法院执行庭沟通,促使民事判决及时得到执行,从而促进了争议的实质性化解,避免了诉讼程序空转。

四是通过本案,可以看出行政检察监督制度对政府信息公开行政案件的重大意义。就政府信息公开来说,其伴随依法治国的进程在建设社会主义政治文明、落实依法治国基本方略、建设法治政府、加强对行政权力运行监督中起到了重要作用。新时代下,全面推进政务公开更是打造开放政府、建设法治政府的必然要求,是推动法治政府建设的重要举措。因此,确保政务公开在法治框架下,以法治方式进行与开展至关重要。而事实上,全国每年出现了大量的政府信息公开行政案件,其中同本案诉由,即不服行政机关以《政府信息公开条例》第36条第4项"经检索没有所申请公开信息的,告知申请人该政府信息不存在"为由作出政府信息不存在的回复的案件占据很高的比例。这也体现出了政府信息公开制度的薄弱之处。申请人相较于行政机关,本身在多方面就处于明显的弱势地位,当其面对行政机关作出的"信息不存在"的回复时,很难依靠自力发现案件线索或直接的证据进行反驳。申请人权利的保障除了依托行政机关的"依法行政"、法院的"司法公正",更需要拥有强大检察监督权的检察机关在必要时通过提出检察建议或提起抗诉的方式介入纠纷解决程序,来消弭申请人与行政机关的地位落差。本案中检察机关在调查核实权的行使、法律的理解适用等方面都表现出色,为行政检察监督工作在政府信息公开行政案件中的开展树立了模范。

2. 张某诉辽宁省某县农合局履行报销医疗费用职责监督案

【关键词】

行政裁判结果监督　抗诉　医疗报销

【案例简介】

2015年5月23日23时许，张某驾驶摩托车发生交通事故，交警部门认定该事故系摩托车单方事故。张某先后入住两家医院治疗。经辽宁省某县农村合作医疗局（以下简称县农合局）调查，认定张某系交通事故导致受伤，遂作出不予报销监管决定。张某向某县法院提起诉讼，请求判令县农合局履行医保报销职责。某县法院作出一审判决，认为县农合局经调查取得的证据能够证明张某系因交通事故受到伤害，符合《辽宁省新型农村合作医疗项目范围》中因"交通事故"发生的医疗费不予报销的规定，因此作出的不予报销决定并无不当，判决驳回诉讼请求。张某提出上诉、申请再审亦被以相同理由驳回。张某向检察机关申请监督。某市检察院经审查提请辽宁省检察院抗诉。

检察机关审查认为，国家建立新农合的目的是充分保障参保人员按照国家规定享受医疗保险待遇，在发生特定情形时享有依法从国家和社会获得帮助的权利。《中华人民共和国社会保险法》并未将交通事故作为不予报销的法定情形。《辽宁省新型农村合作医疗项目范围》虽然规定了因"交通事故"发生的诊疗费用不属于新农合的报销范围，但结合《中华人民共和国社会保险法》的立法目的，该"交通事故"不予报销，应当理解为有第三方责任人的侵权交通事故，这与该法中"应当由第三人负担"的不予报销情形相衔接，符合立法目的，张某的情形应当属于新农合的赔付范围。2021年1月25日，辽宁省检察院向辽宁省高级法院提出抗诉。10月28日，高级法院作出再审判决，判决撤销原审裁判，县农合局在60日内对张某依法履行医疗费报销职责。12月24日县农合局为张某报销医疗费111700元。

【意义】

法律的生命在于实施，正确理解法律的立法目的和原意，准确适用法律法规，是维护司法公正、司法权威的内在要求。人民法院判决适用法律错误、违反立法目的，检察机关应当依法提出抗诉，推动人民法院启动再审，纠正错误裁判，维护行政相对人合法权益。

> 办案心得体会

精准监督践行初心　司法为民书写担当

国小丹*

"感谢检察机关，尤其是感谢咱们办案的检察官，6 年来我把希望寄托在我所到的每一个机关，但都没有结果。是你们的认真负责，让我这个案件有了转机，就在今天我收到了县农合局报销款 111700 元，以后再也不用为这件事儿到处跑了，真心地感谢你们！"2021 年 12 月 24 日，收到县农合局报销款的张某一家第一时间向承办检察官打电话致谢，这标志着长达 6 年的漫漫维权路终于画上句号。用心用情办好每一件事关民生民利的案件，坚持依法能动履职，是每一个行政检察人的使命担当。以下是我办理该案的几点体会：

一是秉持为民情怀是做好检察工作的基础。民心是最大的政治。让人民群众在每一起司法案件中都感受到公平正义，既是习近平总书记对司法工作和司法从业人员的严格要求与期许，也是行政检察人应当自觉担负的时代使命。医疗保险报销事关人民群众最直接的利益诉求，处理不好，必将使人民群众对政府不满，滋生社会戾气。通过阅卷和接待当事人，了解到申请人因事故变为植物人，使原本就不富裕的家庭雪上加霜，申请人年迈的老父亲一边照顾他，一边还要为了报销治疗费用而四处奔走。接访申请人父亲时，可以切身地感受到，他是一个对法治有着坚定信心的人，反复说着"我相信法律总会给我一个公道，总有一个可以说理的地方"。人民对我们有期待、对法治有信仰，守护公平正义底线的我们必须有回应。承办检察官多次到申请人所在地了解案件情况，查阅大量的法律法规和关联案例，对争议的焦点问题多方征求专家意见，到省直相关部门咨询相关政策。"求极致""止于至善"，是检察官应当追求的目标。作为司法底线的守护者，在工作中必须坚持"司法为民"理念，用好检察权，为人民群

---

* 辽宁省人民检察院行政检察部副主任、三级高级检察官。

众谋实实在在的利益,切实满足人民群众在新时代对公平正义的新需求。

二是案件办理要坚持敢抗与抗准相统一。提出抗诉是检察机关履行法律监督职责的重要手段。在全面审查卷宗的基础上,对于拟提出监督意见的案件,围绕案件主要事实开展调查核实,全面查清案件事实,明晰法律适用。对符合抗诉条件的案件要依法予以监督,敢于抗诉。对提出抗诉的案件还要讲求质量、精准监督。一方面,在精准抗诉理念的指引下,抗诉文书和再审检察建议的说理尤为重要,应当围绕案件事实、证据、程序和法律适用依法进行说理,根据案件的性质特点、复杂程度、社会关注度有针对性地进行说理,做到法理情相结合,将法律文书做成刚性,做到刚性。另一方面,要做好事前的沟通协调和事后的跟踪问效工作。检察监督不是零和博弈,要跳出固有的思维,多方听取意见,确保监督意见得到全面采纳。"敢抗"是基础,是检察机关充分履行法律监督职责的体现;"抗准"是关键,是检察机关履行法律监督职责追求的结果。二者的关系是辩证的,二者有机统一是抗诉工作落实"加大工作力度,提高执法水平和办案质量"这一检察工作总体要求的必然选择。在本案中,检察机关全面阅卷后,详细询问当事人,调查核实公安交警部门的证据,查明本案中事故确系申请人驾驶摩托车造成的单方交通事故,为"敢抗"奠定了坚实基础。社会保险法并未将"交通事故"作为不予报销的法定情形;《辽宁省新型农村合作医疗项目范围》虽然规定了因"交通事故"发生的诊疗费用不属于新农合的报销范围,但该规范性文件系根据社会保险法和本地实际情况制定,与上位法的立法本意相同。根据保险法的立法目的,应理解为有第三方责任人的侵权交通事故,"应当由第三人负担"才不予报销。结合本案情况,申请人参加了新农合,事故中又没有第三人,这与上位法中"应当由第三人负担"的不予报销情形相衔接,可以认为本案应属于新农合的赔付范围。认真分析研究法律法规的立法本意,为"抗准"提供充分依据。检察机关既要善于发挥行政检察的法律专业性,以法治方式解决行政争议,又要兼顾法律化的社会主义道德,以"穿透式"行政检察监督方式,不囿于表象执法,拨云见日地从立法本意出发释法说理,从根源上解决案件的焦点问题。

三是提出抗诉是化解行政争议的有效手段。人民检察院办理行政检察监督案件过程中,应当全面贯彻行政诉讼法确定的立法目的,促进行政争议的实质性化解。《人民检察院开展行政争议实质性化解工作指引(试行)》明确指出,检察机关在监督人民法院公正司法、促进行政机关依法行政的同时,加强调查核实,针对行政争议产生的基础事实和申请人在诉讼中的实质诉求,综合运用抗诉、检察建议、公开听证、司法救助、释法说理等多种途径,促进行政争议得到依法、公平、有效解决。抗诉是化解争议的刚性手段,其法律效力必然引起法院再审。本案通过抗诉启动再审,人民法院采纳了检察机关的抗诉意见,依法改判,争议得以最终解决,实现了双赢多赢共赢。

四是精准理解立法目的是正确适用法律的前提。新修订的《人民检察院行政诉讼监督规则》关于"适用法律、法规确有错误"的规定新增一项,即第84条第4项"违背法律、法规的立法目的和基本原则的"。检察机关应当强化对人民法院适用法律法规准确性的审查,对于适用法律法规违背立法目的的,应当依法提出抗诉,推动人民法院启动再审,维护行政相对人合法权益。法律的生命在于实施,正确适用法律法规是维护司法公正和权威的内在要求,对于法律法规及规范性文件虽然作出了一般性规定,但并未区分具体适用情形时,应当结合法律法规的立法目的准确理解适用,切实维护人民群众合法权益,解决纠纷,化解争议。根据《社会保险法》第2条、第24条的规定,国家设立基本医疗保险制度和新农合的目的是充分保障参保人员按照国家规定享受医疗保险待遇,在发生特定情形时享有依法从国家和社会获得帮助的权利。在本案中,规范性文件将"交通事故"纳入新农合不予报销的范围,但并未区分交通事故属单方交通事故,还是有侵权人的多方交通事故。结合社会保险法旨在保护弱势群体的立法目的,检察机关认为单方交通事故应属于报销的范围,故依法提出抗诉,人民法院再审后改判,维护了申请人的合法权益。

五是准确适用监督规则新规定,运用"穿透式"监督理念提升社会治理能力。人民检察院提出抗诉的案件,人民法院再审时,人民检察院派员出席法庭,并全程参加庭审活动。经审判长许可,可以对证据采信、法律适用和案件情况予以说明,针对争议焦点,客观、公正、全面阐述法律监督意见;针对审查案件过程中发现的执法瑕疵问题,可以对行政机关口头提出改进工作的检察建议。在本案再审庭审中,针对县农合局提出的"申请人可能属无证驾驶,据此也不应予以报销"的意见,经审判长许可后,承办检察官客观、公正、全面地阐述了法律监督意见,提出行政机关在作出行政行为时并未以该理由不予报销,且载卷也没有相关证据予以证明,该抗辩理由不能作为行政机关不履行报销职责的情形。检察机关的监督意见得到了法庭的采纳。行政执法过程中，语言表述不严谨、执法行为不规范，容易引起社会层面的矛盾和冲突，针对这些问题，检察官当庭向行政机关提出依法行政、精准执法的建议，行政机关予以认可并接受。检察建议在规范执法行为中发挥作用，使个案办理与参与社会治理相结合，充分实现了监督人民法院依法审判、促进行政机关依法行政、维护公民合法权益、推动行政争议实质性化解与保障国家法律的统一正确实施的有机统一。

专家点评

检察机关监督附带规范性文件司法审查的方法与要点
——评张某诉辽宁省某县农合局不履行报销医疗费用职责检察监督案

刘 艺[*]

一、本案的制度意义

自 2002 年起，我国政府就积极创建以大病统筹兼顾小病理赔为主的新型农村医疗互助共济制度。到 2010 年新型农村医疗互助共济制度已基本实现覆盖全国农村居民的目标。这项制度构筑起社会主义新农村医疗互助共济的保障之网，帮助农民抵御疾病等风险，以适应现代化生活之需要。但是，我国幅员辽阔，各地经济发展水平差异较大，无法出台统一的法律或者法规来规范新农合，多是由行政规范性文件来调整。因规范性文件的公开性、客观性、规范性等方面存在一定程度的欠缺，让其备受"依规范性文件行政"的诟病，进而降低了新农合的被认同程度，也影响了新农合领域的权利救济成效。检察机关通过提起抗诉，揭开了新农合领域"依规范性文件行政"的核心矛盾，直面行政诉讼附带规范性文件审查存在的深层制度问题，无疑会引发进一步的制度改革思考。

二、本案的理论意义

本案的争议焦点是某县农合局是否应该履行报销医疗费用的义务问题。行政抗诉的理论意义是检察机关如何监督人民法院对附带规范性文件的审查问题。

---

[*] 中国政法大学法治政府研究院教授。

根据行政诉讼法的规定，对规范性文件的审查原本只分成两种情形：第一，行政诉讼原告可提起附带规范性文件之诉。2014年《行政诉讼法》第53条的规定，不仅赋予行政诉讼原告对法秩序统一性提出质疑的权益，也增强了人民法院对规范性文件的监督力度。但实践中，行政诉讼原告较少提起附带规范性文件之诉。有学者统计过在特定时间段，规范性文件附带审查案件约占全部案件的0.6%。本案也说明此问题。张某提起行政诉讼一审、二审、再审申请以及向检察机关申请监督，都未一并提起规范性文件审查的申请。因为规范性文件的适用问题存在不公开、不明确的现象。行政相对人很难知道自己的权益受损是因为行政机关适用了规范性文件。

第二，人民法院在对行政行为合法性进行审查时，也可以审查行政规范性文件。除了《行政诉讼法》第64条的规定①之外，结合相关司法解释，人民法院在审查行政行为合法性时是可以主动引用、援引合法的行政规范性文件。所以，人民法院也有可能在原告不提起附带之诉时单独发现规范性文件不合法。但在本案中，无论一审还是二审法院都未发现适用《辽宁省新型农村合作医疗项目范围》认定张某不符合报销条件的行为存在违法性。因为从语义角度分析，该文件规定的排除诊疗项目范围的内容与社会保险法并没有明显的冲突。

当原告不容易发现规范性文件适用违法问题，人民法院又没有主动审查规范性文件时，人民检察院能干什么呢？人民检察院既不能单独针对规范性文件违法提起抗诉，也不能因为该领域没有法律、法规只能适用规范性文件而提起抗诉，更不能仅仅以规范性文件违背法律、法规的立法目的和基本原则而提起抗诉。根据《人民检察院行政诉讼监督规则》的规定，人民检察院只有在人民法院适用法律、法规确有错误时才能提起抗诉，不包括规范性文件适用错误的情形。而且，行政诉讼审查的是行政行为的合法性，附带规范性文件审查的重点也在该规范性文件是否与行政行为的合法性原则相违背。在本案中，检察机关围绕行政机关履职是否存在适用法律错误的问题进行了体系解释。

检察机关指出《辽宁省新型农村合作医疗项目范围》虽与社会保险法的立法本意相同，但结合立法目的，两者规范的内容有所不同。国家设立

---

① 该条规定，人民法院在审理行政案件中，经审查认为本法第53条规定的规范性文件不合法的，不作为认定行政行为合法的依据，并向制定机关提出处理建议。

基本医疗保险制度和新农合的目的是充分保障参保人员在发生特定情形时依法享有从国家和社会获得帮助的权利。张某虽然属于无证驾驶，应该受到行政处罚；但他属于新农合的参保人员，其因摔倒致脑部受伤产生大量治疗费用，有权依法从国家和社会获得帮助。另外，根据《社会保险法》第 30 条第 1 款的 4 项来看，也可以排除单方交通事故不纳入诊疗范围的解释。所以，检察院根据《人民检察院行政诉讼监督规则》第 84 条规定，认为人民法院审查行政行为合法性时，应当适用《社会保险法》第 30 条第 1 款第 2 项规定，进而认定行政机关不履行职责违法，遂提起了行政抗诉。可见，检察机关并非只是依当事人的监督申请而行使职权，也是主动行使调查权后依职权启动的监督。而且从规范性文件与社会保险法的立法目的和具体规定两个方面进行释义，发现抵触之处。综上，人民检察院对行政机关适用规范性文件也有进行主动审查的权限，但审查范围与重点受行政行为合法性审查原则的限制。

三、本案的指导意义

挖掘本案的指导意义时，还需要进一步补充案件细节，修改部分抗诉意见，避免引发新的理论问题。首先，检察机关的抗诉书中指出，规范性文件与法律的立法原意相同，但指导意义第一点却围绕规范性文件违背立法目的展开论证，可见具体办案时想法与办案经验的归纳总结并未做到一致。其次，检察机关关于"张某可能属于无证驾驶据此不应予以报销"发表的法律监督意见未能进行清晰的学理说明，影响了说理性，可以适当补充一些行政机关对张某不予行政处罚的理据。最后，检察机关的抗诉意见还须进一步区分开宪法上物质帮助权、社会保险法的"五金"和农村"五保"（保吃、保穿、保住、保医、保葬）之间的差异。根据宪法规定，国家应建立健全同经济发展水平相适应的社会保障制度。宪法还规定公民在年老、疾病和丧失劳动能力的情况下有从国家和社会获得物质帮助的权利。但我国的社会保险统称为"五险"，即养老保险、医疗保险、生育保险、工伤保险、失业保险，不包括丧失劳动能力时的长期护理保险。在本案中，检察机关主张给张某报销的是住院诊疗费用还是长期护理费用需要进一步说明。因为住院诊疗费用属于住院费用报销范围，但张某已变为植物人，其近亲属为其办理长期住院若是想获得长期护理时，不再属于报销范围。

3. 上海市某区检察院对交通道路标线设置不合理监督案

【关键词】
道路交通　行政处罚　类案监督

【案例简介】

2020年8月以来，多名行政相对人在上海市中环线某路下匝道，驾驶机动车经过两次虚线变道后进入右转车道，事后被上海市某区公安分局以驾驶机动车一次连续变换两条车道为由处以罚款200元。

某区检察院在受邀参与共同化解行政争议中发现，该道路发生多起道路交通违法，系交通违法易发多发路段，经调查核实查明，上述道路标线设置不合理问题，是造成该路段连续变道违法行为高发且产生争议的重要原因。某区检察院据此向某区公安分局提出类案检察建议，建议加强对涉案道路交通标线设置合理性研究，进一步优化道路设置。

2021年初，某区公安分局采纳检察建议，对上述中环线下匝道右转车道的路面标线进行了整改，避免驾驶人员产生误判和不必要变道，提升了道路标线设置的合理性。目前，该路段违法数量明显下降，交通秩序得到明显改善。

【意义】

道路交通是城市运行和市域治理的重要方面，道交行政执法事关人民群众的切身利益。检察机关在化解行政争议同时，从同一地点、同一类型的多起违法变道案件中，发现实质上的道路标线不合理造成高发频发的违法问题，通过类案监督促进交管行政部门规范合理设置道路交通标线和技术监控设备，保障道路交通的安全畅通。检察机关助力行政机关破解城市道路交通管理难题，推动解决人民群众日常出行的身边事和烦心事，防范化解社会风险和行政争议根源，体现了行政检察办理一案、治理一片、惠及一方的综合效果。

办案心得体会

"小"案子"大"情怀

包 强[*] 李小荣[**] 孙朦朦[***]

一是见微知著,线索发现。2020年9月的一天,普陀区检察院行政检察部门得到了一条不服行政处罚的线索,许某等多名当事人反映对自己收到的道交罚单不服。起初,普陀区检察院的案件承办人认为这种情况比较常见——常年在外开车,谁还没吃过罚单?收到罚单,郁闷之下的当事人对罚单感到不服也属正常。但转念一想,这个细微线索的背后,可能存在开展行政违法行为监督的突破口。于是,承办人分别接待了7名当事人,认真了解案件情况。经沟通发现,当事人收到罚单的事由几乎相同,均是发生在2020年8月份以来。当事人于上海市中环线某路下匝道,从中环线下到地面后经过两次虚线变道后进入右转车道,后来收到通知罚款200元,理由是以驾车一次连续变换两条车道违法。这个处罚引起了许某等7人的不解,他们认为上述地点的车道虚线标线太短了,已按交规实行两次正常变道后进入右转车道,"电子警察"所抓拍的画面并不能反映存在违法,公安交警作出的处罚依据不够充分,请求撤销该处罚决定。

二是下马看花,调查核实。案件承办人接触过的道交处罚争议较多,但如此集中的尚属第一次。承办人第一时间向分管领导和部门领导汇报,院领导指示一定要深入调查核实。通过查看道交处罚材料、听取当事人意见,承办人了解到7名行政相对人均因在中环线某路下匝道下高架后,由于连接下匝道的地面右转主干道较为拥堵,而选择两次向右并线跨越一条直行辅道进入较为畅通的右转辅道,被"电子警察"认定一次连续变换两条车道行为违法。为掌握第一手材料,对案情作出准确判断,承办人又直

---

[*] 上海市普陀区人民检察院副检察长、三级高级检察官。
[**] 上海市普陀区人民检察院第五检察部副主任、四级高级检察官。
[***] 上海市普陀区人民检察院检察官助理。

接前往现场进一步勘察，发现上述地点位于中环线某路下匝道下来的城市主干道，车流量巨大。从路面标线来看，在两条右转车道中间一条直行车道两边设置的跨道虚线距离较短，从右转主干道选择两次变道进入右转辅道的机动车驾驶员因受时空上的限制，极易引发连续变道的交通争议。承办人现场观察统计，在短短的半小时内，就有多达上百起的类似违法变道情形发生，确实可能存在行车"违法陷阱"的问题。

三是献可替否，提出建议。城市道路交通设置涉及的问题专业性、技术性程度较高，因此，承办人认真研读《城市道路交通标识和标线设置规范》和《上海市城市道路交通标志、标线设置补充规定》，对标线设置的相关规定和技术标准做到心中有数。随后，承办人专程上门走访区公安交警部门，就道交处罚情况进行沟通，听取交警部门的意见建议。

经过全案研判，并结合多起道路交通违法情况，承办人认为上述道路跨道虚线设置合理性问题，是造成该路段机动车连续变道违法行为高发频发，带来交通安全隐患，且在事后认定违法事实产生较大争议的重要原因。标线设置应当符合道路交通安全畅通的要求，并根据交通需求及时调整。为加强类案监督，推动道路交通领域的市域治理，在上海市人民检察院第七检察部的指导下，2020年11月，区检察院向区公安分局提出检察建议：一是加强对案涉道路交通标线设置合理性研究，综合考量安全、畅通、便民等因素，进一步优化道路设置，保障道路安全有序；二是举一反三，对辖区道路从源头规划上加以排摸、梳理，主动补齐道路设计上的短板，防范标线、标识成为违法"陷阱"问题。

四是改容易貌，问题整改。2020年11月，普陀区公安分局书面回函，表示对检察建议提出的道路交通标线优化事宜予以高度重视，相关情况已交由交警部门做进一步调查研究。2021年初，普陀区公安分局对上述中环线某路下匝道右转车道的路面标线进行了整改，右二直行车道和右一右转车道之间由原来跨道虚线调整为实线，右一车道明确了专由地面辅道的车辆右转使用，中环线某路下匝道下来的车辆直接走中间的右转车道进行右转，避免驾驶人员产生误判和不必要变道，提升了道路标线设置的合理性。整改后，案件承办人再次回到现场查看，发现违法变道情形的发生数量明显下降，车辆均根据路面标线行车，没有以往混乱的各种变线和插空情况，交通秩序得到明显改善。

五是涵泳玩索，总结心得。道路交通是城市运行和市域治理的重要方面,道交行政执法事关人民群众的切身利益。罚单虽小,但不合理的道路问题却是老百姓日常出行的身边事和烦心事。仅在2021年,全国就有多地发生因同一地点集中交通违法产生"天价"总量罚单的新闻事件,引发网络舆情,造成深刻的负面影响。检察机关在办理道交领域群体性行政检察案件中,应当践行人民城市理念,坚持"穿透式"监督理念,用心用情办好案件,以依法监督的"我管",促职能机关依法履职的"都管"。

  在本案中,承办人在行政检察履职过程中,从同一地点、同一类型的多起违法变道案件里,发现实质上的道路标线不合理造成高发频发的违法问题。在上海市人民检察院第七检察部精心指导下,普陀区检察院通过制发类案建议,促进交管行政部门合理设置道路交通标线和技术监控设备,避免机械执法、逐利执法,保障道路交通的安全畅通。检察机关通过助力行政机关破解城市道路交通管理难题,让人民群众切身感受到行政执法、司法的力度和温度,为共同实现"良法善治"作出检察贡献,从"小"案件中体现出为大局服务、为人民司法的"大"情怀,让人民群众切实感受到公平正义就在身边。

专家点评

开拓行政检察新领域需要扎实的法律基础

解志勇[*]

上海市的这个案件给我留下了非常深刻的印象，主要有以下原因。

第一点，这个案件的处理实际上延伸和拓展了行政检察的事域。我们可以看到，检察机关对道路标识标线的合理性提出了一些改进的建议，并受得公安机关采纳。这与传统上单纯对行政执法行为的合法性进行监督，具有不一样的价值。本案中，人民检察院更关注行政规则的合理性、科学性，是对行政检察监督事域或者范围的拓展，非常具有典型意义。

第二点，人民检察院在这个案件中展现出了非常好的专业素养，由于涉及道路标识标线，这在行政法上是难以定义的行为，究竟是命令，还是其他的抽象行为，存在争议。人民检察院没有纠结这个行为究竟是什么，而是直接对这个行为本身的科学性、合理性提出了建议。这样做的前提是，首先要非常了解道路交通安全法，非常了解上海市道路标识标线设置的有关规范和公安部有关的规范。能提出专业化建议，说明检察官办理案件时，对实体性规则也是非常清楚的。其实，这正是行政检察能够走得远、走得稳、可持续发展的重要前提。必须在法律上是行家里手，必须在某些事实的判定上是行家里手。这点也给我留下了非常深刻的印象。

第三点，本案中的被监督机关某区公安分局，也要给分局点赞。该分局有一种实事求是的态度，知错就改，这才是行政机关应该有的执法态度。这个案件还有一个奇特之处：没有经过诉讼，而是在复议的过程中撤回了复议申请。这样的结案方式，既体现了人民检察院办案的灵活性，又反映出行政机关能够实事求是、依法为民的姿态，对大多数行政机关应该都是有启发意义的。可以减少很多缠访、缠诉案件，应该给公安机关点赞。

---

[*] 中国政法大学教授、比较法学研究院院长，《比较法研究》主编。

第四点，联想到最近发生的一些事件，比如最近关于防疫地方层层加码的问题，我觉得其中暴露出一些有损地方政府形象、有损国家法治建设形象，甚至有损整体国家形象的案件，这是违背以人民为中心的原则的。人民检察院这时候应该拿起检察监督的武器，对不合理、不合法、层层加码的行政活动进行监督纠正。

另外，还要强调一句，这次案例评审过程中，在很大程度上隐去了办案机关和被监督机关以及当事人的一些信息，均代称为某机关或者某市、某区等。我认为这虽然考虑到保护当事人隐私的实际需要，但对法律公开精神可能也是一种损害。一方面，它会削弱人民检察院办理的典型案件的引导作用、指引作用。另一方面，被监督机关有一些行为，比如很多出现工伤类案件，还出现征收类案件，对类案的引导性或者对行政机关的警示作用会受到削弱。应该找到二者的平衡点，把行政检察工作做得更好。

4. 王某诉江苏省无锡市某区市场监管局行政登记监督案

【关键词】

行政裁判结果监督　冒名企业登记　跟踪问效

【案例简介】

2009年，王某被钱某冒用身份信息登记为个人独资企业某机械厂投资人。后因某机械厂涉及民事纠纷，法院生效民事判决确认了王某被冒名注册登记的事实。后王某向无锡市某区市场监督管理局举报，该局于2018年5月17日向王某出具行政告知书，告知因无法进行核实，故作延期处理，后未给予其他答复。2019年4月22日，王某向法院提起行政诉讼请求判令撤销工商核准登记。法院以登记行为已超过5年最长起诉期限为由驳回起诉。王某不服向检察机关控告，检察机关依职权受理案件。

检察机关审查认为，该案涉及企业设立核准登记和对举报申请撤销复查处理两个行政行为，王某起诉时未明确表达被诉行政行为是具体指向哪一个行政行为，法院未经释明被诉行政行为直接裁定驳回起诉，适用法律错误。据此，无锡市检察院向无锡市中级法院提出抗诉。

检察机关提出抗诉后强化跟踪问效，与法院沟通后达成共识，认为生效民事判决已确认王某被冒名登记事实，行政机关对冒名企业登记行为负有主动纠错职责，检察机关可继续通过督促行政机关自我纠错实质性化解争议，有利于及时解决当事人诉求。检察机关遂向区市场监督管理局制发检察建议，督促其主动纠错，撤销上述冒用王某名义的企业注册登记行为。区市场监督管理局收到检察建议后，因机构改革相关职能转移到行政审批局履行，将该案移送该局处理。区行政审批局认为不属于自己管辖，且撤销登记可能损害社会公共利益。鉴于以上情况，区检察院组织召开公开听证会，促进解决本案行政机关争议的问题。听证会后，区行政审批局依法作出撤销决定。王某撤回再审请求。2021年6月28日，法院作出终结审查裁定。为统一裁判尺度，检察机关加强类案监督，与区法院会商出台相关实施意见，对于此类因当事人起诉超过法定期限，法院不作实质性审查的案件，由检法两家共同推进行政争议实质性化解，解决行政诉讼程序空转问题。

【意义】

冒名企业登记不仅侵害他人姓名权，同时由于企业经营过程中难免产生债务纠纷，使被冒名之人莫名背负连带之债，财产权益亦严重被侵害。登记机关对于提供虚假材料冒他人之名进行企业注册登记的，应当主动纠错。检察机关抗诉后跟踪问效，推动行政机关主动撤销冒名企业登记，并会同法院就冒名企业登记裁判现实困境，共研裁判标准，统一案件裁判尺度。

办案心得体会

落实司法为民 促进诉源治理
有效化解"过期之诉"行政争议难题

江苏省无锡市滨湖区人民检察院行政检察办案团队

"12年了,这桩错误的工商登记总算是撤销了。真的很感谢检察院,感谢你们的坚持,我心头的这块大石头,落地了。"接过王某送来的锦旗,听到她质朴的感谢,我们也由衷地为她感到高兴。让人民群众感到满意,这是对行政检察工作的最高评价,这起由一个错误的工商登记引发的行政争议,在我院行政检察办案团队不懈的努力和坚持下,最终成功化解,获得的不仅是成就感,还有许多深刻的体会。

一、始终坚持司法为民理念、贴近民生是开展行政检察工作的基础

2018年我院成立行政检察办案团队,经分析现状,发现作为一家基层检察院,由于行政检察工作知名度不高、一审生效的行政争议案件较少等原因,导致案件来源单一,行政检察工作长期处于"缺米下锅"的困境。为了打破僵局,拓宽案源,就必须改变以往行政检察工作是"坐下来"等案件的旧观念,提倡"走出去",主动去发现、挖掘案件线索。我们将"我为群众办实事"作为开展行政检察工作的基本着力点,积极参与社会综合治理工作,依托基层社会治理网格单元,充分发挥网格检察官的作用,了解社情民意,及时发现困扰群众的焦点和难点问题。

本案就是在一次检察官进网格进行法律宣传的过程中了解到的。2009年,王某的身份信息和签名被他人冒用注册成立了一家个人独资企业。当王某得知自己被冒名注册时,已经是作为该企业的投资人站在民事诉讼案件的被告席上。虽然民事判决书确认了她被冒名注册的事实,但要撤销这份错误的登记,却没有那么容易。王某向相关职能部门反映情况,但几年过去都没能解决,她又向法院提出行政诉讼,却被以超过诉讼期限为由,裁定驳回起诉。几年时间，辗转各处，问题始终没有得到解决。当我们主动联系到王某时，她对我们的话也是将信将疑。我们仔细询问了案件的相关情况，耐心解释行政检察工作的具体职能，告知她可以向检察机关申请监督。在后续的监督过程中，我们也与王某保持沟通联系，告知案件的进展，及时答疑解惑。

本案从发现案件线索到最终办结，长达 12 年的错误工商登记被撤销，困扰王某多年的行政争议得到化解，离不开行政检察办案团队始终坚持司法为民的理念以及把着力解决群众的烦心事、揪心事作为己任的责任心。

二、保持对疑难复杂法律问题的深入钻研精神是突破行政检察监督困境的关键

行政诉讼案件的监督难点往往在于涉及的法律较为庞杂，难点、易混淆点较多，在办案过程中需要厘清具体行政行为、核查相关法律规定、结合案件具体情况做细致深入的分析，而不能简单凭以往经验下结论。

本案是一起因超过诉讼期限被驳回起诉的"过期之诉"。因为行政诉讼时效规定复杂，一般群众很难了解掌握，在缺乏专业指导的情况下，很容易错过诉讼时效，因此在实践中，这类案件并不少见，也很难监督。拿到案件的卷宗之后，乍一看冒名登记发生在 2009 年，王某向法院提起行政诉讼是在 2019 年，确实已经超过了行政诉讼法所规定的最长 5 年诉讼保护期限，法院驳回起诉似乎并无不当。但冒名登记多数情况都是当事人在多年之后才发现的，难道只要过了 5 年就没有救济途径了吗？经过对行政许可法、行政诉讼法及相关司法解释的深入研究，我们发现，行政机关基于企业设立核准登记和对当事人的举报核实复查处理两个职能，均可导致工商登记被撤销的后果，其中涉及两个行政行为。前一个行政行为固然已经超过起诉期限，但后一个行政行为，市场监督管理局对王某的举报一直延期处理，并未作出任何决定，对此行政不作为，王某的起诉并没有超过法律规定的期限。

在明确了王某起诉了两个可诉行政行为之后，我们对法院诉讼卷宗进行了细致的审查，发现法院在与王某的谈话中仅仅是要求王某表态其诉讼请求是撤销企业登记，但没有对诉状中涉及的两个行政行为进行指导和释明，也未要求其明确具体的被诉行政行为。为了引导诉讼能力不足的普通人正确进行诉讼，行政诉讼法及司法解释明确规定了这种情况下法院应当予以指导和释明。本案涉及的两个行政行为的起诉期限不同，法院未能正确释明，自然也会导致审理过程中适用法律错误。在明确了上述两点之后，我们提请无锡市检察院抗诉，市院提出了抗诉，本案进入了再审程序。

三、开展跟踪问效，推动行政机关主动履职是做实行政检察工作的抓手

本案在提出抗诉之后，法院作出再审裁判之前，检察机关能否依职权督促行政机关主动履职撤销该行政登记？按照一般诉讼监督案件的做法，检察机关在抗诉之后，应当对法院的再审情况进行跟进，通过法院生效判决来督促行政机关履职。但是，如果只是被动等待法院的再审结果，行政检察似乎还是重复着"坐下来"的老路。根据最高人民检察院提出的精准监督的要求，行政诉讼监督要以行政争议实质性化解为重点，最终要落实到案结事了政和。虽然王某主张的是法院的行政裁定有错误，但其实质诉求还是要求撤销其作为个人独资企业投资人的行政登记。经过办案团队的多次讨论，达成了共识：一方面，王某被冒名注册为个人独资企业投资人的事实，是已经有法院生效民事判决予以确认的。根据2019年6月发布的市场监管总局《关于撤销冒用他人身份信息取得公司登记的指导意见》的相关规定，行政机关可以据此作出撤销登记的决定。因此，检察机关督促行政机关履职具有事实和法律依据。另一方面，根据行政诉讼法的规定，行政机关可以在行政诉讼程序进行中，自行改变其作出的违法行政行为。同时，行政机关的自我纠错具有高效便捷、节约司法成本的优势，并且能够赢得老百姓的积极评价，有利于修复和维护行政权的公信力。基于上述考量，我们向市场监督管理局制发了检察建议，督促其主动纠错，撤销上述冒用王某名义的企业注册登记行为。

四、综合运用多种措施化解行政争议是促进案结事了的法宝

本以为在向市场监督管理局提出检察建议后，该局会积极配合予以整改，但没想到迎接我们的会是新的波折。因机构改革及职能调整，涉及企业注册登记的职能由市场监督管局转移到了行政审批局，而两家单位对该案管辖以及是否撤销登记存在异议。而王某也对行政机关的意见表示无法理解。"我不明白，那么多证据、法院判决书都确认了我是被冒名注册，为什么就不能撤销呢？有错就改难道不是天理吗？"我们一方面向王某阐明相关规定，开展释法说理工作，另一方面加强与行政机关的沟通寻找解决问题的途径。最终，针对本案中存在的行政机关之间职责不清、观点不明等情况，我们决定召开公开听证，以公开听证这种"看得见""听得到"的形式，能够为当事人之间搭建平等对话、沟通交流的平台，切实保障各方当事人的知情权、参与权。针对案件特性，邀请了人大代表、政协委员、大学教授、专业律师参加听证。双方当事人在听证过程中充分表达了各自的意见，各位听证员也从法律适用、纠纷化解、社会效果等方面发表了意见。通过此次公开听证，更加明确了行政机关的职责分工，转变了行政执法理念，消除了行政机关的顾虑。最终，行政机关主动履职，依法作出了撤销登记的决定，王某也向法院申请撤回了起诉。

本案在办理过程中，我们综合运用了抗诉、检察建议、公开听证、释法说理等多种途径开展行政争议实质性化解工作。另外，为了从源头上解决行政争议，我院还与法院会商出台了相关事实意见，对于此类因当事人起诉超过法定期限、法院不作实质性审查的案件，由检法两家共同推进化解工作，解决行政诉讼程序空转的问题。这不仅是促进行政争议得到依法、公平、有效解决的良方妙计，也是推动行政检察工作向更高层次发展的必然要求。

专家点评

主动融入大局,实现三个效果统一

薛 峰[*]

检察机关在王某诉江苏省无锡市某区市场监管局行政登记监督案的办理过程中,充分发挥了法律监督机关的作用,创造性地运用多种方式,通过推进行政机关依法履职,监督审判机关依法审判,以公开听证明确职责划分,以协同治理实质化解行政争议,解决了冒名登记案件中存在的突出问题。为推进全面依法治国、优化营商环境,践行为民服务,实现政治效果、社会效果和法律效果的有机统一,发挥了重要作用。

一、立足法律监督,推进依法治国

行政许可法规定,被许可人以欺骗、贿赂等不正当手段取得行政许可的,应当予以撤销。市场监督管理部门作为法定企业登记机关,对于申请人采用冒用他人身份信息取得公司登记的行为,应当依法履行管理职责,撤销被冒用的登记决定。但在该案中,无锡市某区市场监督管理局在收到王某举报后,仅向王某作出行政告知书,告知因无法核实故作延期处理,未能积极履行职责。检察机关通过检察建议的方式督促行政机关自我纠错,要求其及时核实处理群众反映的冒名登记问题,发挥了检察机关法律监督的作用,有力地促进了行政机关依法行政,实质化解了行政争议,推进了全面依法治国工作。

二、立足市场主体,优化营商环境

在本案中,王某身份被冒用注册公司是其中一例。这种冒用登记行为的发生,破坏了市场秩序和营商环境,使冒用人通过冒用登记的方式转嫁债务和责任,破坏了市场的公平性。检察机关通过检察建议的方式督促行政机关及时撤销冒名登记行为,使行政机关最终作出了撤销冒名登记的决

---

[*] 北京金融法院党组成员、副院长。

定，修复了被破坏的市场秩序，为各类市场主体投资兴业营造了公平、透明的法治环境，保障了各类市场主体公平参与市场竞争。

三、立足以人为本，践行为民服务

检察机关立足以人为本，坚持以人民为中心的发展思想，通过督促行政机关主动纠错，保护了行政相对人的合法权益，及时解决了当事人的诉求。需要注意的是，行政诉讼法从提升行政效率和保障行政秩序的角度出发，对除不动产之外的行政诉讼案件设定了最长 5 年的法定起诉期限，这也使冒名登记类的案件受到行政诉讼最长 5 年起诉期限的限制。对此，检察机关从长远解决冒名登记的问题出发，采用类案监督、类案治理的方式，与法院会商出台相关实施意见，共同推进行政争议实质性化解，为该类案件的处理提供了新的思路，为实质化解冒名登记的问题提供了有效解决途径，践行了为人民服务，让人民群众在每一个司法案件中感受到公平正义的司法本质。

四、立足开拓创新，追求"三个效果"统一

坚持"政治效果、社会效果和法律效果"有机统一，就是要注重从当事人和人民群众的感受出发想问题、抓办案，具体案件具体分析，精准把握立法原意和司法政策。既要实现个案公平正义，又要充分回应社会关切，通过法律监督增强人民群众对司法公正权威的认同。在该案中，因市场监管机构改革，出现了区市场监督管理局和区行政审批局因机构改革职责划分不清的问题。区市场监督管理局认为，因机构改革市场主体注册登记事项已属于区行政审批局管辖，故将该案移送区行政审批局处理。而区行政审批局认为不属于自己管辖，且撤销登记可能损害社会公共利益。

针对两个行政机关之间职责划分不清、互相推诿的情况，检察机关创造性地采用公开听证的方式解决行政机关的争议问题，邀请人大代表、政协委员、律师、专家等各方代表参加，使问题得以明确，促使区行政审批局在听证会后主动作出撤销行政许可决定。检察机关采用这种公开听证的方式，为行政机关之间搭建了平等对话、充分沟通的平台，也切实保障了社会各方的知情权、参与权，进一步明确了行政机关的职责分工，消除了行政机关的顾虑，确保案件得到依法和正确的处理，真正实现了政治效果、社会效果和法律效果的有机统一，既解决了问题，又回应了社会关切，增强了行政机关对司法权威的尊重和认同。

5. 福建省某县卫健局征收社会抚养费非诉执行监督系列案

【关键词】
行政非诉执行监督　社会抚养费　检察建议

【案情简介】

2019年至2020年，福建省某县卫生健康局（以下简称"县卫健局"）以违反《福建省人口与计划生育条例》规定为由，决定对颜某等4户家庭分别征收社会抚养费，后因颜某等未主动履行缴款义务，县卫健局向某县法院申请对颜某等8人强制执行，县法院裁定准予强制执行，并对其采取了纳入失信名单、限制消费、财产控制等措施。2021年8月，国家"三孩"生育政策实行后，颜某等8人向某县检察院提出监督申请，要求停止执行并解除强制执行措施。

2021年9月2日，县检察院受理案件后，认真研究当前国家生育政策精神的变化。通过调查核实，共发现全县未执结社会抚养费案件达上千件。围绕"以点带面、以个案推进带动类案治理"监督思路，县检察院多次到县卫健局调查核实、征求意见，面对面了解情况和顾虑，主动报告县人大常委会、联系县法院，召开两次工作协调会，就联动全局谋划、整体部署推动解决系列案件化解达成共识。在调查核实及沟通协调基础上，县检察院向县卫健局发出类案检察建议，2021年9月7日县卫健局采纳检察建议，并向县法院申请对该类案件作结案处理。县法院及时将8名当事人从失信名单中去除，解除限制消费、财产控制等措施并结案。

为进一步落实检察服务群众，便民利民，县检察院还针对群众关心的此类案件是否需要逐一申请监督问题通过微信公众号进行了公开答复，明确此次检察建议是针对同类案件的处理建议，个人无须再申请监督。

2021年10月，福建省检察院指导某市检察机关在全市范围内开展"征收抚养费执行监督"专项活动，共发出类案检察建议9件，排查发现同类案件4020余件，目前，该类案件已办结946件，涉及946户1877人。日前，福建省检察院总结并转发某市检察机关办理社会抚养费案件的相关经验，部署全省检察机关开展线索摸排和类案办理。

【意义】

国家实施"三孩"生育政策后，社会抚养费等制约措施相应取消，但实践中，法院未执结案件仍有不少，被执行人在出行、高消费等方面仍受限制，直接影响家庭正常生活。检察机关准确把握国家政策精神，为国家人口政策落地落实提供司法保障，以"办理一案、治理一片"的方式，解决了涉及上千户人民群众切身利益问题。

办案心得体会

解决群众"急难愁盼"问题 紧跟国家人口政策落实

福建省仙游县人民检察院陈苍森办案团队[*]

2019年至2020年,颜某等8人因违反了《福建省人口与计划生育条例》生育三孩,被征收社会抚养费。因没有主动履行缴款义务,他们被纳入失信名单、限制消费、冻结财产,等等。直到2021年8月,颜某等8人走进检察机关申请监督,福建省仙游县人民检察院运用行政争议实质性化解"路线图"机制,成立办案小组,由分管副检察长承办,最终成功化解困扰他们生活的大烦恼。2021年10月,福建省检察院指导某市检察机关在全市范围内开展"征收抚养费执行监督"专项活动,共发出类案检察建议9件,排查发现同类案件4020余件。目前,该类案件已办结946件,涉及946户1877人。日前,福建省检察院总结并转发某市检察机关办理社会抚养费案件的相关经验,部署全省检察机关开展线索摸排和类案办理。本案的典型示范效应还在进一步延伸,将有更多的人民群众因此而受益,取得了良好的政治效果、社会效果和法律效果。作为参与办理该案的承办人,我们有以下几点心得体会。

一、坚持提升政治站位,紧跟国家政策精神落实

本案系由国家计生政策调整而引起的,实施"三孩"政策后,社会抚养费相应取消。2021年7月,国家卫健委在《关于优化生育政策促进人口长期均衡发展的决定》有关问题解答中就"之前违反法律规定生育三孩的社会抚养费征收问题"也明确规定"已作出征收决定但尚未执行完毕的,已征收部分不予退还,未征收部分不再继续征收"。但实践中,法院仍存在不少此类未执结案件,被执行人在出行、高消费等方面仍受限制,直接影响家庭正常生活,若未妥善处理,极有可能引发群体性信访事件。

---

[*] 陈苍森,福建省仙游县人民检察院副检察长、一级检察官。

为此，办案组成员先后四次前往申请人所在的乡镇政府、村委会、居委会开展调研，深入了解群众在社会抚养费执行案中的难点痛点堵点，提前研判存在问题及解决思路。同时主动走访县人大常委会，详细了解"三孩"计生政策具体内容和要求，进一步认识到实施"三孩"政策及配套支持政策是落实党的十九大决策部署的重要举措，对政策精神有了更深层次的把握和领会，明确了加强法律监督，保障国家人口政策贯彻落实的办案重点，为检察监督夯实了坚实的思想基础。

当前，国家实施"三孩"政策，有利于改善我国人口结构、落实积极应对人口老龄化国家战略、保持我国人力资源禀赋优势。检察机关在办案过程中能立足职能、快速反应，以检察建议方式积极督促行政机关落实政策规定，有力推进国家人口政策抓紧落地落实，进一步彰显了检察机关高度的政治自觉、法治自觉和检察自觉。

二、认真开展调查核实，以点带面明确办案思路

办案组坚持"个案治标、类案治本"的办案思想，第一时间深入走访调查了解，掌握全县未执结社会抚养费案件情况，通过与行政机关、法院联合排查，共发现未执结社会抚养费案件达上千件，进一步明确了以点带面、以个案推进带动类案治理的办案思路。

同时，针对法院对于此类案件尚无具体规定的实际情况，办案组根据执行程序规定，拟定了通过向县卫健局制发行政检察建议，督促县卫健局作为社会抚养费执行案的申请执行人，就申请人案件及其余同类案件，向县法院发函申请停止执行社会抚养费案件并解除相关强制执行措施的监督方式。

然而，为确保检察建议书的质量，办案组多次到职能部门调查核实、征求意见，并专门召开两次座谈会，面对面了解情况和顾虑，提升针对性和实效性。特别是围绕县卫健局提出的"国家卫健委关于社会抚养费征收问题的解答能否作为行政机关履职依据"这一焦点问题，协助联系县人大常委会进行法律咨询，得到了县人大的明确肯定答复，为其消除疑惑解除顾虑。

在充分沟通协调的基础上，结合国家政策、法律规定、咨询意见以及司法案例，仙游县人民检察院于2021年9月2日发出检察建议。2021年9月7日县卫健局向县法院发函申请对社会抚养费强制执行案件作结案处理；9月9日县卫健局复函表示全部采纳检察建议内容。

三、坚持凝聚多方合力，主动沟通推动类案化解

为进一步提升工作成效，县检察院专门与县法院召开两次工作协调会，就联动全局谋划、整体部署推动解决系列案件化解达成了共识，积极推动法院开展了专项清理工作。2021年9月7日，县法院在收到县卫健局来函后，即第一时间停止划扣、拍卖，并解除被执行人的失信、限高措施，屏蔽被执行人信息；同时向社会发布了关于停止县法院受理尚未执行完毕的征收社会抚养费案件执行的公告，最大限度降低对被执行人的影响。

此外，针对群众关心的社会抚养费执行问题是否需要逐一向检察院申请监督，县检察院还通过微信公众号向社会公布监督结果并明确公开答复——此次检察建议是针对同类案件的处理建议，县卫健局已向县法院申请该类案件全部结案，县法院正在对案件陆续进行结案处理，个人无须向检察院申请监督——进一步贯彻"我为群众办实事"要求，落实检察服务群众，便民利民。

在本案办理过程中，检察机关注重事前主动与行政机关沟通协调，做好释法说理工作，得到行政机关理解与支持，检察建议发出后，又多次主动沟通联系县法院、县人大常委会等相关部门，从中斡旋协调，凝聚整改合力，共同推进了类案化解，既解决了行政机关的历史遗留问题，又有效减少法院诉累，缓解了执行压力。

征收社会抚养费是事关人民群众切身利益的普遍性问题。我们积极践行新时代检察监督理念，坚持以人民为中心，聚焦人民群众"急难愁盼"问题，努力在多方参与下依法公平合理地凝聚共识，形成化解合力，促进行政争议实质性化解；以"个案治标、类案治本"的办案思想，实现"办理一案、治理一片"的办案效果，彰显检察机关主动参与社会治理的担当作为。

专家点评

学习贯彻习近平法治思想的生动实践

李洪雷[*]

本案由国家计生政策调整而引起。2021年7月中共中央、国务院《关于优化生育政策促进人口长期均衡发展的决定》以及8月20日修订后的人口与计划生育法相继公布施行,国家计生政策进一步优化,实行"三孩"政策,并取消了社会抚养费。2021年7月国家卫健委在中共中央、国务院《关于优化生育政策促进人口长期均衡发展的决定》有关问题解答中就"之前违反法律规定生育三孩的社会抚养费征收问题"明确,"已作出征收决定但尚未执行完毕的,已征收部分不予退还,未征收部分不再继续征收"。但实践中,法院仍存在不少此类未执结案件,被执行人在出行、高消费等方面仍受限制,直接影响家庭正常生活,若未妥善处理,极有可能引发群体性信访事件。本案中福建省检察机关,特别是某县检察院在征收社会抚养费非诉执行监督系列案件中,表现出很高的政治站位、娴熟的法律技艺、深厚的为民情怀,系列案件的办理是学习贯彻习近平法治思想的生动实践。

一是系列案件的办理体现了对法治规律的尊重。认识规律、掌握规律、尊重规律、利用规律,是做好各项工作的前提。习近平总书记高度重视运用科学思维方式把握事物的内在规律,在运用客观规律指导治国理政上为我们树立了典范。我们要想做好法治工作,必须高度尊重法律规律。执行案件具有很大的特殊性,执行机关应具有很大的裁量性和便宜性,这是执行权运行的规律,需要高度尊重。在决定是否以及如何采取执行措施时,不仅要考虑违法行为的性质、情节与后果,还要综合判断行政执法活动的社会后果,尤其是对整体经济社会发展的影响,为个别事件所投入的

---

[*] 中国社会科学院法学研究所副所长、研究员,中国社会科学院全面依法治国智库副理事长兼秘书长。

人力、物力是否影响其他公众事务之处理能力，是否有可能导致大规模的公民的不服从或者社会稳定等。这背后的一个原因就在于执行资源的有限性。也就是说，在很多领域因为种种原因导致违法行为出现，而执法资源（人财物等）是有限的，为了有效配置资源，用最少的执法资源实现最大化社会效果，必然要求不能机械、僵化"一刀切"执法。另一个原因在于普遍正义与个别正义之间的矛盾。法治的核心价值是正义，包括普遍正义与个别正义。概括性的法律代表普遍正义，当其应用到某些特殊案件有时会出现损害个别正义的问题。亚里士多德因此提出衡平的处理办法。所谓衡平就是机械遵守法律的一种例外，即在特定情况下，要求机械地执行某一法律规定反而导致不合理、不公正的结果，因而必须使用另一种合理、公正的标准。检察公诉的便宜原则与此具有相通之处。"便宜原则，是指准许检察机关依其'裁量'来决定是否提起公诉。亦即纵使案件合乎起诉要件，检察官也可以依照合目的性的考量，自行权衡案件'宜否'提起公诉。"

对社会抚养费案的执行，尽管有法律和合法决定的依据，但随着中央政策和法律的改变，已经不符合当下社会发展情况，影响社会稳定。福建省某县检察机关，正是深刻地认识和有效地运用了这一规律，停止了对社会抚养费案的执行。

行政机关相对于法院来说，在职权行使中具有更大的灵活性。检察机关对这点也作了充分考虑和利用。在本案中，针对法院对于此类案件尚无具体规定的实际情况，专案组根据执行程序规定，拟定了通过向县卫健局制发行政检察建议，督促县卫健局作为社会抚养费执行案的申请执行人，就申请人案件及其余同类案件，向县法院发函申请停止执行并解除相关强制执行措施的监督方式。

二是系列案件的办理体现了三个效果有机统一的要求。习近平总书记强调，要把执法目的同执法形式有机统一起来，坚持以法为据、以理服人、以情感人，努力实现最佳的政治效果、社会效果、法律效果。福建省某县检察院在本案中，认真落实修改后人口与计划生育法的精神；坚持党的领导，准确把握党和国家新人口政策精神，为党和国家人口政策落地落实提供司法保障；坚持以人民为中心，坚持法治为了人民、依靠人民、造福人民、保护人民，切实体现人民利益、反映人民意愿、维护人民权益、增进人民福祉，解决了涉及人民群众切身利益问题，体现了强烈的政治担当、高尚的为民情怀,实现了政治效果、社会效果和法律效果的有机统一。某市检察院以此为契机,在全市范围内开展了"征收抚养费执行监督"专项活动,发出类案检察建议7件,排查发现同类案件4020余件。目前该类案件已办结471件,涉案标的达3663.18余万元,涉及471户942人,真正实现了"办理一案、治理一片"的办案效果。

三是系列案件的办理体现了执法温度。习近平总书记在中央全面依法治国工作会议上的讲话中指出:"强调严格执法,让违法者敬法畏法,但绝不是暴力执法、过激执法,要让执法既有力度又有温度。""推进全面依法治国,根本目的是依法保障人民权益。"党中央、国务院印发的《法治政府建设实施纲要(2021—2025年)》要求:"努力做到宽严相济、法理相融,让执法既有力度又有温度。"征收社会抚养费是事关人民群众切身利益的普遍性问题,事关社会和谐稳定,不宜机械执法、过激执法。本案中福建省某县检察院,不是简单地、机械地适用现行规定,而是坚持以人民为中心,按照宽严相济、法理相融要求,保障人民群众合法权益和正当期待,对不合时宜的未执结事项停止执行。此外,针对群众关心的社会抚养费执行问题是否需要逐一向检察院申请监督,县检察院还通过微信公众号向社会公布监督结果并明确公开答复进一步贯彻"我为群众办实事"要求,落实检察服务群众,便民利民。

6. 某百货公司诉山东省某市人社局工伤认定监督案

【关键词】

工伤认定　司法救助　社会帮扶

【案例简介】

吕某原系某百货公司派驻大型连锁超市的专柜商品促销员，但并未与该公司签订劳动合同。2016年5月，吕某下班回家途中发生交通事故，造成腿部三处骨折，交警部门认定吕某承担事故同等责任。经鉴定，吕某为十级伤残，劳动能力障碍程度八级。山东省某市人社局根据吕某提供的百货公司出具的《聘用证明》《工资表》《停发工资证明》三份证明材料，认定吕某属于工伤。百货公司不服该工伤认定，向法院提起行政诉讼，主张其与吕某无劳动关系，要求撤销该工伤认定，并提交吕某书写的《保证书》，该保证书载明"这三份证明只用于处理道路交通事故，本次事故及与事故有关联的事宜均与百货公司无任何关系"。某市法院认为，因《保证书》与市人社局据以认定劳动关系的三份证明材料相互矛盾，导致认定劳动关系的证据真实性存疑，作出撤销该工伤认定，并责令市人社局依法重新作出认定的终审判决。吕某向山东省高级法院申请再审被裁定驳回，向某市检察院申请监督。

某市检察院依法受理，审查认为，本案争议焦点是吕某与百货公司是否存在劳动关系。通过向吕某曾经工作的连锁超市发出调查函，检察机关获取吕某确系百货公司派驻促销员的证据，证实两者之间确实存在劳动关系，法院裁判错误。考虑到通过诉讼监督程序纠正仍需较长周期，相较而言，市人社局依据新证据重新作出工伤认定对申请人合法权益保护更为及时。检察机关遂与市人社局充分沟通、论证，同时向吕某开展释法说理和心理疏导。吕某了解案件情况后主动撤回了监督申请，市人社局恢复工伤认定程序，依据检察机关调取的证据再次作出工伤认定。

检察机关了解到吕某离异无子女、收入低、生活条件差等情况后，对其展开司法救助和多项司法服务。一是经审查认为其符合司法救助条件，为其申请国家司法救助 1 万元。二是咨询相关部门，帮助吕某办理残疾证，享受相应优惠政策。三是协助市人社局对吕某开展就业指导，为其联系到离家较近的培训学校，并根据相关政策帮其申请政府补贴免费培训名额，帮助其通过提高职业技能，改善生活状况。

【意义】

检察机关对法院判决责令人社部门重新作出工伤认定的案件，发现新证据的，从减轻当事人讼累出发，可以督促人社部门根据新证据作出认定。综合运用释法说理、心理疏导、司法救助等措施，实行司法救济和社会救济有效结合，既"授人以鱼"又"授人以渔"，解决当事人生活的后顾之忧，真正实现案结事了政和。

办案心得体会

倾力办好案　倾心暖民心

孙　勤[*]

工伤认定纠纷本质上是劳动者和用人单位之间的利益冲突，无论工伤认定机关是否给予工伤认定，均可能造成其中一方不满，进而引发诉讼，导致平等民事主体间的纠纷进入行政诉讼程序。而劳动者一方往往诉讼能力相对较弱，在诉讼中处于相对不利地位，无法充分保障自身合法权益。2021年5月12日，最高人民检察院发布了工伤认定和工伤保险类专题行政检察监督典型案例，旨在保护劳动者权益，维护法治化的营商环境。笔者在办理本案时，以此为动力指引，将调查核实的监督手段和司法救助、社会帮扶的化解手段综合运用，"一揽子"解决工伤认定的行政争议以及工伤赔偿的民事争议，减轻当事人诉累并节约司法成本，同时还解决了当事人的实际困难，切实做到以更高效、更高质量、更优质的司法服务回应人民群众司法期盼。现将办案中的几点体会与诸君交流。

一是行政检察人当有法治信仰和情怀。检察官当有追求真相的执着，以及查明真相的决心。面对本案中三级人民法院"现有证据之间存在矛盾，导致证据真实性存疑，无法证实劳动关系"的认定，笔者没有止步于现有证据拼凑成的事实，坚持将查明事实作为办案的核心。有事实就一定存在证据，需要的只是决心和耐心。向用人单位开展调查遇阻后，笔者转换思路，向申请人工作的超市展开调查，要求其提供是或否聘用申请人的证据。经过反复沟通，最终该超市提供了其与用人单位签订的《超市供货合同》以及《促销员进场申请表》《信息统计表》等证据，显示交通事故发生时，申请人系用人单位的商品促销员，超市仅为申请人提供工作场所，用人单位为申请人的唯一雇主。工伤认定部门再次认定劳动关系的主要依据正是该组证据，水落石出，拨云见日。

---

[*] 山东省济南市人民检察院第七检察部四级高级检察官。

检察官当有维护公平正义的法治情怀，尤其是"遇不平，意难平"的云天之义。关键证据找到了，依法启动检察监督程序的后果是什么？即便通过检察监督程序和再审程序最终获得了工伤认定，中间需经历漫长的等待。交通事故至今已过去5年，申请人还要饱受诉累吗？何年何月才能拿到工伤赔偿？由于检察监督程序尚未完结，工伤认定部门的再次认定程序陷入中止。从申请人角度出发，最理想的路径应当是尽快恢复工伤认定程序，拿到工伤认定书吃上定心丸。但从承办人角度，将符合监督条件的案件结案，需要下很大的决心：工伤认定和赔偿能顺利实现吗？如果答案是否定的，难以对自己和申请人有所交代。如果按照检察监督程序办理，则稳中求胜。笔者经过审慎思考，下定决心，迎难而上。

二是行政检察人当有攻坚克难的决心和实力。开展行政争议实质性化解工作是一项新挑战，且一案一例无规可循，行政检察人当有开山之勇，在挑战自我中不断超越，行稳致远。第一关，如何令具备监督条件的案件申请人心悦诚服地撤回申请，从而恢复工伤认定程序？大道至简：以我真心换她真意。在会见交流中，笔者了解到申请人的现实情况符合办理司法救助金的条件，主动帮助她申请国家司法救助金1万元。了解到其尚未办理残疾证，又帮助她申请办理了残疾证，享受到相应的优惠政策。考虑她独居无子女、无社保医保的情况，又邀请人社部门一同对她开展就业指导，并申请到职业培训学校的政府补贴免费名额。前述帮扶的效果经历相应的程序后逐步实现，在此过程中，笔者将取证和案件办理的进度及时告知申请人，同时开展释法说理、心理疏导，争取她对办案思路的认同，申请人逐渐对笔者建立起信赖，最终主动撤回了监督申请。

笔者在办案中一贯坚持，只有充分保障申请人合法权益，同时维护合法行政行为的公信力和司法的权威性，才能真正实现推动依法行政和法治政府建设、助力社会和谐的终极目标。这要求行政检察人在办案中应将监督、化解职能相贯通，将司法救助与社会帮扶相结合，积极探索最优化解路径。这无疑是一个较高的工作标准，笔者将初心不改，砥砺前行。

三是行政检察人当有"为大局服务，为人民司法"的使命和担当。监督申请撤回后，笔者感到压力倍增。压力一方面来自工伤认定能否作出。这是第二关。鉴于第一次工伤认定被撤销，工伤认定部门的证据把握一定会更加严格，且检察监督程序终结后，检察机关在持续跟进案件中的作用有限，既不能越俎代庖干扰行政机关作决定，在取证方面又鞭长莫及只能提供思路和建议。在工伤认定程序中，用人单位多次提交新的意见和"证据"。笔者与工伤认定部门在前期配合形成的良好协作关系基础上，通力合作，反复论证，将所有存疑的细节逐一落实排查，最终扎实认定劳动关系。

压力的另一方面，争取工伤赔偿。这是第三关。工伤赔偿争议的实质是民事争议，要真正将维护申请人的合法权益落实到位，须"一揽子"化解行政、民事争议。从用人单位的抵触态度看，想要获得工伤赔偿，无疑要经历复议、诉讼等程序。即便顺利拿到工伤赔偿的判决，执行又是一关。笔者多次登门寻访，用人单位负责人避而不见，其委托代理人敷衍搪塞。看来唯有持续跟进，令用人单位感受到检察机关的决心。行政复议程序作出维持决定后，用人单位终于心服口服，主动提出和解并接受了申请人的要求，一次性给付15万元工伤赔偿款。历时5年半的工伤认定争议圆满化解，从申请人撤回申请到拿到赔偿款不足半年，可谓历尽劫波，苦尽甘来。争议化解是"苦差事"，更是"良心活儿"，唯有使命在心担当在肩，行政检察人方能行远自迩，笃行不怠。

四是争议化解的关键在于案件当事人的信赖和支持。回顾本案，化解成功的一个关键因素是争取到案件当事人的极大配合。笔者曾明确告诉申请人"我不能保证最终的结果，但我能保证你不会因撤回申请而丧失维护合法权益的机会。我还保证，无论是否撤回，我都会竭尽全力帮你"。申请人的答复是"遇到你这样的检察官，办不成我也认了，我自愿撤回"。本案如果没有争取到申请人如此信任，恐怕还在抗诉或者再审阶段。在工作中，笔者常常选择下班后与申请人电话交流。一则不耽误当事人上班；二则下班后办案人的时间是自己的，不容易被打扰；三则不会占用电话延误其他公务。实践中感受到申请人对加班办案的态度认可度较高，容易产生信任和理解。这就为释法说理铺就了良好开端。在连续、有效沟通数个小时后，许多申请人会劝笔者先回家吃饭，这种善意的流露往往是案件化解的前兆。

对待案件当事人的另一方，即行政机关，首先应坚持共赢的监督理念。要充分认识到解铃还须系铃人，被监督对象同时也是行政争议化解的合作对象。其次应注意维护检察机关形象。在交流接触中，应展示出专业、规范、严谨、谦虚的工作风貌，赢得对方信任和尊重，同时也是对司法机关公信力的维护和宣传。最后应善于借用、积累外力。行政机关在其职能领域于我们而言是专家。笔者经常就新案件的相关法律规定的专业解读等问题向以往案件中接触过的行政机关工作人员请教咨询，均获得无私、宝贵的襄助。

五是行政争议实质性化解应当融入行政检察人的办案自觉。行政争议化解本质上是解决问题、化解矛盾，既是行政检察监督的应有之义，也是行政检察监督案件的办理之道。笔者深以为，常态化开展此项工作确是做实行政检察之必然。回顾办案历程，本案并非投入精力最多的案件，许多大力开展工作的案件并未实现理想的效果，除却客观因素影响，笔者亦清醒地认识到，自身仍需在办理更多案件中加强学习历练，提升能力素质，积极担当作为。笔者愿继续将"为大局服务，为人民司法"理念践行于每一起案件的办理，动力不竭，追求不懈，初心不改。

专家点评

司法救济与社会救济相结合的样板

于 安[*]

2014年修订的行政诉讼法提出了行政诉讼新宗旨，推动行政诉讼从诉讼流程导向向实质性解决行政争议导向转变。新宗旨要求行政诉讼不仅应当在程序上做到案结事了，而且要通过实现政和民安实质性地化解争议案件，实现具体争议案件中的公平正义。这一转变对检察机关履行法律监督职责及其活动方式提出了新要求。为了适应这些新要求，检察机关需要通过司法实践创新来推进行政诉讼检察监督制度的完善。本案就是在这种司法实践活动中的一个重要的创新型案例，具有极大的示范意义。

本案提供的经验可以从以下几个方面看待其典型性。第一，依法受理案件后能够高水平地依法履行检察监督职能，围绕案件的核心争议展开司法调查，取得决定裁判适当与合法的关键证据，作出正确的检察监督判断；第二，按照在每一个案件中实现公平正义的司法宗旨，积极选择通向公平正义的最佳法律途径，依法进行司法沟通和司法协调，使当事人主动撤回监督申请，行政机关恢复工伤认定程序，并根据检察机关调取的证据再次作出工伤认定；第三，考虑本案特殊群体涉案者权利实现的特点，为争取最高程度的公平正义积极行使检察机关的法定职权，启动并尽力推进引入对特殊群体的司法救助、行政救助和社会救助，达到救助资源动员的充分性和当事人权利实现的彻底性。

---

[*] 中国法学会行政法学研究会副会长、清华大学公共管理学院教授。

7. 毛某诉河南省某市公安局、市政府行政处罚及行政复议监督案

【关键词】

行政处罚　抗诉　行政行为法律后果承担

【案例简介】

毛某系一名钩机车司机，2013年12月28日在河南省某市政府主导的合村并城改造项目施工中，将郑某部分房屋设施推倒损坏。郑某报案后，某市公安局某派出所于2013年12月31日受理立案。2017年11月10日，某市公安局以故意毁坏财物为由，对毛某作出行政拘留10日的处罚决定。申请复议被维持后，毛某起诉至法院，要求撤销行政处罚及行政复议决定。一审法院认为，毛某在他人指使下故意损毁公私财物，公安机关的处罚决定及市政府的复议决定，认定事实清楚，适用法律正确，符合法定程序，判决驳回诉讼请求。毛某提出上诉、申请再审均未获支持。毛某向检察机关申请监督。某市检察院审查后提请抗诉。

河南省检察院依法受理并经调查核实，查明：2019年2月13日，省高级法院就郑某诉某市政府确认拆迁行为违法一案作出生效判决，确认政府拆迁行为违法。审查认为，案涉合村并城改造项目是由该市人民政府主导实施的行政行为，毛某实施的拆除行为是在政府主导下强制拆除行为的一部分，由此产生的法律后果应由该市人民政府承担，而非毛某个人承担。同时，毛某虽客观上实施了拆除行为，但公安机关提供的证据不能证明其具有损毁公私财物的主观故意。最后，行政处罚办案期限明显超期，公安机关主张的"为了查明案情进行鉴定的期间，不计入办理治安案件的期限"不能成立。据此，2021年7月13日向省高级法院提出抗诉。2021年10月30日，该院采纳检察机关抗诉意见，依法作出改判，撤销案涉行政处罚决定及行政复议决定。

【意义】

在政府主导实施的征收拆迁过程中，为实现行政征收目的，公民个人在行政机关组织下实施的具体拆除行为不具有独立的法律属性，应当认定

为行政征收实施过程中的事实行为,由此产生的法律后果由作出征收决定的行政机关承担。公安机关将其认定为故意损毁公私财物的个人行为并进行行政处罚的,系适用法律错误,检察机关应当监督人民法院依法再审,撤销原行政处罚,切实维护公民合法权益。

办案心得体会

以检察履职践行为民初心　以守护正义不负监督使命

李　军*

毛某诉河南省某市公安局、市政府行政处罚及行政复议监督案获评"2021年度十大行政检察典型案例",这对我们来说既是认可和肯定,更是动力和鞭策。肯定了我们将该案办理成为一件质量高、效果好的检察产品、法治产品,也鞭策着我们在今后的司法工作中更要多办案、办好案,办出亮点,办出水平。

该案是一起市检察院提请省检察院抗诉的案件。初次拿到这个案件,几个关键词映入眼帘——"行政处罚""故意损毁公私财物""行政拘留十日""复议维持""驳回诉讼请求"等,让人敏锐地感觉到这是一起关涉群众切身利益的、反映了群众的"急难愁盼"问题的行政诉讼监督案件,且经过了毛某申请复议被维持、一审法院判决驳回诉讼请求、毛某提出上诉和申请再审均未获支持这一系列的法律程序之后,向检察院申请监督似乎带给了毛某最后的希望和期盼,检察机关的担当作为就显得格外重要和迫切。经审查,省检察院认为法院判决认定事实的主要证据不足,适用法律确有错误,遂向省高级人民法院提出抗诉。法院审理后采纳了检察机关的抗诉意见,改判撤销了原判决及行政机关的处罚决定和复议决定。再审判决生效后,公安机关表示执行法院判决,已对毛某进行赔偿。该案的成功办理切实维护了当事人的合法权益,监督了人民法院公正司法,促进了行政机关依法行政,充分发挥了行政检察"一手托两家"的作用,在立足检察职能积极参与社会治理方面发挥了示范作用。同时,对解决房屋征收强制拆迁案件中责任主体的认定问题也起到了很好的借鉴作用。

回顾该案的办理过程,有收获,有感悟,现分享几点心得体会与大家共勉。

---

* 河南省人民检察院行政检察部三级高级检察官。

一、守初心，树牢以人民为中心的司法理念

习近平总书记指出"全面依法治国最广泛、最深厚的基础是人民，必须坚持为了人民、依靠人民""推进全面依法治国，根本目的是依法保障人民权益"。河南省人民检察院第七检察部成立以来，深入学习贯彻习近平法治思想，牢固树立以人民为中心的司法理念，把司法为民落实到办案的每一个步骤中，用心用情用智办好每一个案件。在本案中，一个时间跨度引起了承办人的注意。毛某驾驶钩机车将郑某房屋设施推倒损坏的时间为 2013 年 12 月 28 日，郑某报案后，某市公安局某派出所于 2013 年 12 月 31 日受理立案。而将近 4 年之后，直到 2017 年 11 月 10 日，某市公安局才以故意损毁公私财物为由，对毛某作出行政拘留 10 日的处罚决定。让人不禁生疑：这 4 年里都发生了什么？公安机关作出行政处罚决定是否超过法定办案期限？行政程序是否合法？《治安管理处罚法》第 99 条规定："公安机关办理治安案件的期限，自受理之日起不得超过三十日；案情重大、复杂的，经上一级公安机关批准，可以延长三十日。为了查明案情进行鉴定的期间，不计入办理治安案件的期限。"原《公安机关办理行政案件程序规定》第 141 条也作出了上述规定。可见，如果本案存在鉴定受损财物的情形，那么历经 4 年才作出行政处罚决定或许能够被人理解。《公安机关执行〈中华人民共和国治安管理处罚法〉有关问题的解释》进一步规定，《治安管理处罚法》第 99 条规定的"鉴定期间"，是指公安机关提交鉴定之日起至鉴定机构作出鉴定结论并送达公安机关的期间。公安机关应当切实提高办案效率，保证在法定期限内办结治安案件。然而，本案某市公安局在诉讼中并未提供案涉财物已提交鉴定的相关证据，其主张"为了查明案情进行鉴定的期间，不计入办理治安案件的期限"不能成立。公安机关作出行政拘留 10 日的处罚决定明显超过法定办案期限，违反法定程序，严重侵害了毛某的合法权益，应予撤销。

二、存公心，以精准监督维护社会公平正义

古往今来含有"公"字的词语有很多，例如"天下为公""公正廉明""奉公守法""大公无私""公道自在人心"等。笔者认为，司法办案可以从两个方面来把握"公心"的内涵：一是秉持客观公正的立场；二是维护公平正义的使命。某市检察院受理该案后依法调取了法院历次审判卷

宗，在审查卷宗材料的基础上，就有关毛某是否应当承担拆除行为的法律后果等问题专门召开专家论证会，听取专家意见，审结后提请省检察院抗诉。省检察院在办理该案的过程中，有两份关键性证据揭示了案件的主要事实：法院已于之前就郑某（本案第三人，房屋设施被毛某损毁）诉某市人民政府确认拆迁行为违法一案作出过生效判决，确认市人民政府在未与郑某达成拆迁补偿协议的情况下，即强行拆除郑某家部分房屋、围墙等设施及损毁屋门、墙体的行为违法。那么，毛某作为具体实施拆除行为的人，他的行为性质如何评价？是否要和政府承担相同的强拆违法责任？多问几个为什么，是解决问题的有效方式，也为我们开展精准监督提供了思路。案涉合村并城改造项目是由该市人民政府主导实施的行政行为，毛某作为钩机车司机，虽客观上实施了具体拆除行为，但其行为是在政府主导下强制拆除行为的一部分，由此引发的法律后果应由该市人民政府承担，而并非由毛某个人承担。公安机关在政府强拆的大背景下，以个人故意损毁公私财物为由作出行政处罚决定，显然是有失公正的。

三、用匠心，精雕细琢打造精品案件

综观 2021 年度十大行政检察典型案例，无一不在追求极致、精益求精。要将这些案件办好、办实、办入民心，需要付出大量的时间、精力和心血，同时也彰显了承办人的法治情怀和检察担当。人民检察院是国家的法律监督机关，开展法律监督，前提是查清案件事实。如果没有事实作为基础，那么法律的适用、是非的判断则是无源之水、无本之木，更遑论将案件办成典型、办成精品。当然，检察机关办理行政裁判结果监督案件时，有时仅通过书面审查卷宗、当事人所提供的材料等难以认定案件事实，此时应当进行调查核实，调查核实应保持客观、中立、公正的立场。在本案中，公安机关作出限制人身自由的行政处罚决定，应当适用最严格的证明标准，然而某市公安局提供的现有证据均不能证明毛某在主观上有损毁公私财物的故意，以此为由作出行政处罚决定证据不足。省检察院在办理该案过程中认真审查每一份证据，仔细推敲每一处细节，必要时指令市检察院进一步调查核实相关情况，为的就是要把案件办扎实，办成铁案。

民之所向，政之所行。笔者深深体会到，"让人民群众切实感受到公平正义就在身边"不仅是一种政治宣示，更应该成为我们担当作为的内生动力，同时也是我们干事创业的出发点和落脚点。

专家点评

法律关系分析方法的适用范例

余凌云[*]

本案是一个难得的好案子,检察机关不仅在业务上彰显了出色能力,纠正了公安机关、复议机关和法院的认识偏差,而且,也充分发挥出检察机关对行政机关、法院应有的法律监督作用。在本案中,公安机关、法院之所以发生认识偏差,就是没有对其中较为复杂的法律关系条分缕析,而是孤立地看待毛某与郑某之间发生的法律关系,简单地将其拆解出来,单独考虑如何处理。因此,公安机关才会认定毛某实施了故意毁坏财物的行为,应当给予行政处罚。复议机关和法院也才会认为,"毛某在他人指使下故意损毁公私财物,公安机关对其进行行政处罚,履行了法定程序,认定事实清楚,适用法律正确"。这就提醒我们,在案例分析过程中,要注意准确运用法律关系分析方法。

所谓法律关系分析的方法,是指通过理顺不同的法律关系,确定其要素及变动情况,从而全面地把握案件的性质和当事人的权利义务关系,并在此基础上通过逻辑三段论的适用以准确适用法律,作出正确判决的一种案例分析方法。[①] 这种研究方法的基本步骤与结构是:首先,要将案件事实的分析和法律的适用分开。在认定事实的基础上,按照个案中历史发展的脉络,认真鉴别和详细梳理出案件中存在的几种法律关系,特别是要把非法律关系剔除出去,把民事法律关系、刑事法律关系与行政法律关系识别出来,并思考它们在解决纠纷上的内在关联、处理次序。其次,按照法律关系的基本结构,分别整理出每一种法律关系从主体、内容到客体等各要素的情形。最后,再思考法院的管辖、诉讼的种类(性质)、解决问题

---

[*] 中国法学会行政法学研究会副会长、清华大学法学院教授。
[①] 王利明:《民法案例分析的基本方法探讨》,载《政法论坛》2004年第2期。

的先后秩序、法律的适用问题等，以解决本案的争议。①

在本案中，存在两个主要法律关系：一个是基于合村并城改造项目形成的行政机关与相对人之间的行政法律关系；另一个是行政机关采取代执行方式拆除建筑物，与义务人郑某之间形成行政法律关系，与毛某之间形成委托关系。

一是合村并城改造项目形成行政法律关系。经法院查明，2011年11月15日，该合村并城改造项目实施方案系经该市某镇人民政府报该市合村并城规划建设指挥部，由市指挥部报请市政府研究同意后，以市指挥部名义批复。2013年4月15日，该市发展和改革委员会批复同意某房地产开发有限公司对该村拆迁改造。

合村并城是地方政府为了加快城镇化进程而采取的措施，显然具有公共利益目的。《城乡规划法》（2007年）第20条规定，"镇人民政府根据镇总体规划的要求，组织编制镇的控制性详细规划，报上一级人民政府审批"。第22条规定，"乡、镇人民政府组织编制乡规划、村庄规划，报上一级人民政府审批。村庄规划在报送审批前，应当经村民会议或者村民代表会议讨论同意"。从已查明的案情看，合村并城改造项目已经通过了上述审批程序。

因此，检察机关的基本判断是准确的，"本案案涉合村并城改造项目是由该市人民政府主导实施的行政行为，毛某实施的拆除行为是在政府主导下强制拆除行为的一部分，由此产生的法律后果应由该市人民政府承担，而非毛某个人承担"。在"郑某诉该市人民政府、该市某镇人民政府强制拆除行为违法案"中，河南省高级人民法院终审判决认为，案涉合村并城改造项目是由该市人民政府主导实施的行政行为，在合村并城过程中因拆迁、补偿安置而产生的法律后果仍应由该市人民政府承担。

因此，在本案中，2013年4月15日，该市发展和改革委员会批复同意某房地产开发有限公司对该村拆迁改造。可能实施主体是某房地产开发有限公司，但是，合村并城改造项目是由行政机关作出的行政决定，与该项目涉及的相对人群体形成的是行政法律关系。

二是代执行形成的法律关系中，毛某的侵权行为应当由政府对外承担责任。无论是政府直接实施合村并城改造项目，还是"批复同意某房地产

---

① 余凌云：《行政法案例分析和研究方法》（第二版），清华大学出版社2019年版，第85—86页。

开发有限公司对该村拆迁改造",在拆除或者强制拆除上都可以采用第三人代执行(也称代履行)方法。从本案强制拆除的具体实施过程看,应该是采用了代执行。

"2013年12月28日,在河南省某市某新型社区合村并城建设项目施工现场,毛某在工作人员和施工人员指挥下使用钩机在施工过程中将郑某部分房屋设施推倒损坏。"毛某显然是接受委托来具体执行拆除决定。毛某只是按照"工作人员和施工人员指挥",将当事人郑某的部分房屋设施推倒损坏。不是说毛某对其实施行为可能造成的后果没有预见,也不是说毛某对损坏后果不存在主观故意,本案的核心关键是,毛某与行政机关之间既是一种代执行关系,也是一种委托关系。

从理论上讲,在代执行上,行政机关与义务人之间形成的是行政法律关系。合村并城改造项目是政府决定的,郑某是应当执行有关行政决定的义务人。当义务人不履行义务,而该义务又是可以替代的,比如,拆除建筑物,行政机关可以委托当事人代为履行义务,也就是代履行。

行政机关与第三人之间一般是通过委托合同方式形成民事法律关系。毛某或者他所属的单位与行政机关之间应该签过委托合同,行政机关委托他们具体实施拆除建筑物。那么,首先,第三人与义务人之间不存在直接的法律关系。但是,义务人必须负担因代履行而产生的忍受义务。如果义务人抗拒第三人的代履行行为,仍然构成妨碍执行公务。其次,第三人在代执行过程中发生的侵权行为,都由委托方即行政机关对外承担责任。最后,正因为第三人与义务人之间不存在直接的合同关系,所以,第三人也不能直接向义务人请求支付代履行的费用,他只能向行政机关请求报酬。

在本案中,恰好是在上述第二点上发生误读,将毛某实施的强制拆除行为,直接看作毛某本人对外承担的法律责任,而没有认识到这是一种委托关系,被委托人实施的委托行为,对外发生的法律责任应当由委托人承担。当然,如果被委托人在实施委托行为时存在故意或者重大过失,超越了委托范围与权限,委托人在对外承担法律责任之后,可以根据双方的委托合同追究被委托人的责任。

当然,本案稍微有点复杂,合村并城改造项目似乎不是行政机关直接实施,而是由"该市发展和改革委员会批复同意某房地产开发有限公司对该村拆迁改造",也就是实施主体为某房地产开发有限公司,而某房地产开发有限公司又是接受行政机关的委托。因为无法查阅卷宗,不知毛某是由行政机关委托，还是某房地产开发有限公司委托。从案情的表述看，毛某在工作人员和施工人员指挥下，使用钩机在施工过程中将郑某部分房屋设施推倒损坏，其中的工作人员应该是政府部门的工作人员。不管怎样，毛某要么是接受了行政机关委托，要么是接受了某房地产开发有限公司委托，损坏财物的行为后果只能由委托人对外承担。因此，公安机关、复议机关、法院认为毛某毁损公私财物的行为构成治安违法，显然是错误的。

8. 胡某诉湖南省某市某镇政府行政强制监督案

【关键词】

行政争议实质性化解　调查核实　公开听证　释法说理

【案例简介】

2016年3月，胡某所在的村民小组因政府项目建设纳入征收范围，该组与当地镇政府签订了《征地补偿协议》。胡某未在协议上签名捺印，也未领取补偿款。2018年3月，镇政府依据上述《征地补偿协议》对该组部分地上青苗予以铲除，胡某以镇政府未与其个人签订协议并补偿，即铲除其10.5亩承包林木缺乏法律依据为由，诉至法院，请求确认该行政强制行为违法。一审、二审均未支持，申请再审亦被驳回，遂向检察机关申请监督。

检察机关经调查核实查明，胡某围绕其征地拆迁补偿，以不服省政府两个农用地转用审批、省发改委作出的信息公开告知、市自然资源局对涉案土地施工不予查处、镇政府强制迁坟等为由，先后提起5次行政复议和5个行政诉讼，其中除强制迁坟经复议被确认程序违法外，胡某提出的诉讼均败诉。检察机关经全面审查认为，上述行政复议决定和行政诉讼裁判结果均无不当。针对本案，胡某未提供其对涉案林木的权属凭证，镇政府依据和村民小组签订的补偿协议，在相关款项足额存储到专户后，对相关林木予以铲除并无不当，但胡某"补偿太少"的实质诉求有合理之处。检察机关依法作出不支持监督申请决定，同时，对行政机关执法不文明和法院违法采信证据但未影响裁判结果的行为，发出检察建议。

针对胡某的核心诉求，检察机关开展行政争议实质性化解工作，召开听证会、协调会，为双方当事人充分表达真实想法提供平台，有针对性地对双方观点进行释法说理，促进双方真诚沟通、互谅互信，促使胡某放弃不合理诉求，双方回归法治轨道解决补偿分歧。最终双方达成一致，在依法依规补偿范围内给予合理补助，即在原房屋拆迁补偿款的基础上，对因估算不准确而少算的青苗补偿款、胡某所养生猪、家禽因低价变卖造成的损失、因迁坟少付的迁坟补助以及过渡安置费等项目进行了补偿，对因房屋强制拆除给胡某造成的实际生活困难,依照当时某市征迁政策,从征地拆迁不可预见事项开支中给予困难救助 2 万元。双方重新签订补偿协议,胡某和行政机关之间的全部争议"一揽子"化解。

【意义】

检察机关对于有多个诉讼纠纷、矛盾尖锐复杂,依法不支持监督申请的案件,应当避免就案办案,要结合本案诉讼和所涉其他诉讼、行政复议情况,综合分析申请人实质、合法诉求和事实,精准开展公开听证、释法说理,促进双方真诚沟通,回归法治轨道化解争议,实现案结事了政和。同时,履行"一手托两家"的监督职责,对法院、行政机关存在的违法行为依法予以纠正。

📝 办案心得体会

以行政争议实质性化解推动案结事了政和

陈艳霞[*]

一、基本案情及诉讼经过

胡某系汨罗市弼时镇某某村某某组村民。2015年，该村组因政府项目建设被划入征收红线。2016年3月25日，弼时镇政府与某某村某某组签订了《征地补偿协议》，全组24户中有21户在协议上签名捺印，胡某未签名。2018年3月10日、11日，弼时镇政府依据上述协议，对该组的部分地上青苗予以铲除，胡某称被铲除青苗的土地中有10.5亩是其承包的林地，弼时镇政府未与其个人签订补偿协议就将林木予以铲除的行为违法。2019年1月16日，胡某诉至汨罗市人民法院，请求确认弼时镇政府铲除涉案林木的行为违法。汨罗市人民法院受理后，认为本案不宜由其进行审理，遂报请岳阳市中级人民法院指定管辖。岳阳市中级人民法院于2019年1月28日裁定本案由湘阴县人民法院审理。2019年4月19日，湘阴县人民法院作出判决，驳回胡某的诉讼请求。胡某不服，上诉至岳阳市中级人民法院。2019年9月15日，岳阳市中级人民法院维持了一审判决。胡某仍不服，向湖南省高级人民法院申请再审后被驳回，遂于2020年5月19日向检察机关申请监督。2020年8月13日，岳阳市检察院审查本案后向省检察院提请抗诉。

省检察院审查认为，岳阳市中级人民法院作出判决的主要依据系汨罗市人民法院作出的一份准予强制执行裁定，该裁定作出的时间为2018年7月30日，内容为准予强制拆除胡某的一栋房屋。本案中被诉行政行为发生在2018年3月10日至11日，内容为铲除地上林木。岳阳市中级人民法院以时间发生在后且内容与本案行政行为内容不相符的法院裁定作为判决

---

[*] 湖南省人民检察院四级高级检察官。

依据，系认定事实的主要依据不足。但在案证据表明，胡某并未按照征收公告的要求提交其对涉案林地拥有承包经营权的证明，弼时镇政府依据其与某村组签订的《征地补偿协议》，对相关地上的青苗予以铲除，具有事实和法律依据，原审驳回胡某诉讼请求的判决结果正确，且没有影响胡某在本案中的合法权益，省检察院遂依法对胡某作出不支持监督决定，同时指令岳阳市人民检察院对岳阳市中级人民法院发出审判违法的检察建议。针对在调查本案过程中了解到的弼时镇政府存在的不文明、不理性的行为，建议其改进工作方式，规范执法行为。两个检察建议均被采纳并书面回复。胡某在经过检察机关的反复释法说理后，亦重新与政府签订了《征收补偿协议》，"一揽子"解决了胡某与行政机关的所有纠纷。

二、办案体会

通过办理本案，承办人总结了几点体会：

（一）必须从"办公室看卷"向"走出门调查"转变，在深入调查研究的基础上理顺诉求背后的矛盾

法律规定到检察院申请监督的行政案件，都要经过法院的一审、二审和再审，经过这么多次审判，案件中的明显错误、明显违法不多了，就需要承办人走出办公室，提高发现问题的能力和水平。在本案中，不仅需要调阅相关卷宗，还需要查阅大量与征拆有关的法律法规，承办人利用专家咨询人才库，向省自然资源厅专家咨询，结合本案进行对照甄别。承办人还多次深入当事人所在地，通过实地走访、查阅相关资料、问询等方式调查研究，全面、准确掌握诉求背后的矛盾，以及案件中存在的有关问题，从而为确定精准化解方向，奠定了坚实的事实基础。

（二）必须从"我监督了"向"我化解了"转变，以"办案就是办涉案百姓人生"的态度办理每一起案件

行政案件解决的是"官"与"民"之间的纠纷，当事人对立情绪严重，想当然地认为检察机关与法院、行政机关"官官相护"，检察机关不仅要把案子办结，还要把案子办到当事人心坎上，让当事人切实感受到公平正义。张军检察长深刻指出："我们为什么大力推进行政争议实质性化解？就是要解决那些所谓程序都履行到位，但是事没解决的问题。"在本案中，6年间涉及5个诉讼15份判决，历经数次信访，纠纷均未得到化解。检察机关没有简单以不支持监督申请决定方式结案，而是坚持把解决

当事人合法诉求作为行政争议实质性化解的落脚点，一方面，多次通过"上门服务"和电话向当事人嘘寒问暖、释法说理，解开当事人的心结，使当事人敞开心扉，并提出合法合理解决问题的建议。另一方面，通过依法对行政机关提出应当文明理性执法的建议、向岳阳市中级人民法院发出审判违法的检察建议，取得当事人的信任，使其转向对检察机关的信任和依靠，打开了和解之门。

（三）必须从"唱独角戏"向"搭台唱戏"转变，以公开听证等方式化解矛盾纠纷传递司法温度

行政检察"一手托两家"，在加强诉讼监督、依法办案的同时，对合法的行政决定要维护其权威性；对违法的行政决定，有些通过督促纠正，有些经过和解，最终实现政通人和。检察机关在实质性化解行政争议中担任着极其重要的"中间人"角色，有必要也有责任牵头组织搭建好平台，实现政府部门联动调处和解。在本案中，检察机关3次邀请当事人、相关政府部门及有关人员举行公开听证会、协调会、调查会，开启解决问题、化解争议"绿色通道"。坚持司法尺度与司法温度相统一，既依法作出不支持监督的决定，又协调政府机关部门做到"应补尽补"，争取到216万元的补偿金额，让人民群众切实感受到司法的温度。

（四）必须从"被动监督"向"能动监督"转变，在推进社会治理体系和治理能力现代化中彰显检察担当

当前，行政争议案结事不了、实质性化解难，严重影响群众的获得感与社会和谐稳定，已经成为人民群众反映强烈的操心事、烦心事、揪心事。"官""民"之间的争议纠纷几年不解决，无论是拖着、躲着还是压着，都不符合社会治理体系和治理能力现代化的应有之义。在本案中，检察机关不仅坚决扛牢监督职责，还充分担当"为百姓求公道、为社会消戾气"使命责任，能动司法，延伸服务，使行政争议最终化解。汨罗市委以此案为契机，明确由司法局牵头，邀请检察院作为第三方以"监督＋支持"的方式介入案件和解，形成推进依法行政纠纷化解的长效机制。2021年11月17日，汨罗市委书记朱平波同志就此案专门向省检察院寄送感谢信。正如张军检察长所强调的："通过我们的努力，解决的是当事人'天大的事'，是实实在在地为党委政府分忧。"

专家点评

行政检察既要"做实",也要"实做"

王锡锌[*]

这个典型案例有特殊性、代表性、有个案实效和制度影响。前面几个案例的情况,都是由检察官做介绍,而这个案例是由案件处理的"受益者"——市委书记做的介绍。我觉得这更加有说服力和代表性,也体现了做实行政检察工作的实际效果。

在这次获评的十大行政检察典型案例中,这个案例比较特殊:检察机关通过介入之后作出的决定,是不采取行政检察监督措施;但又不是无所作为,而是采取了实质性的、面向实际问题、提供解决方案的行动。当然,这个案例如果由姜明安老师来点评的话,可能更合适,姜老师是汨罗人,可以作为群众代表。

我简要谈一些对本案以及案例背后制度背景的一些看法。

2019年1月3日,国新办召开新闻发布会。会上,检察系统十大部门正式亮相;两个月之后,检察机关部门重组方案写进全国人大决议,标志着中国行政检察和民事检察过去30多年合灶吃饭的安排告一段落,行政检察工作正式迈入新时代。过去的几年中,行政检察监督秉持依法监督、实质化解行政争议、"穿透式"监督以及做实行政检察工作这样一些真正的检察为民、司法为民理念,取得了实效,真正在"做实"的道路上稳步迈进。2019年、2020年以及2021年1月至9月的数据显示,中国行政检察监督案件数量一直稳步增长,由2019年12711件、2020年14618件,到2021年1月至9月就有12474件,同比分别增长了36%、15%、15%。还有大量数据都显示,这几年我国行政检察工作不断向前迈进,这不仅体现在处理案件数量的增长,而且体现在不断做实行政检察的工作中。这个大的背景,如果浓缩到一个案件中,我觉得,在汨罗这个案件中,行政检察

---

[*] 北京大学法学院教授,北京大学法治与发展研究院执行院长,《中外法学》主编。

监督权的行使所产生的效果，应该说非常好地体现了做实行政检察的工作宗旨。好在哪里？好就好在一个字：实。这个"实"体现在哪里？我认为体现在行政检察这支队伍真真切切地去做事，做实事，把工作做实。

具体而言，这个案例体现了四个"实"：

第一，实事求是。许多行政检察获评典型案例，主要都是发现错案、发现问题、发现实质争议没有化解，检察机关通过抗诉的方式、通过提出检察建议方式，去实质性化解行政争议。在本案中，检察机关介入这个案子以后，发现案件的处理在法律上并没有问题，但法律背后所存在的实际问题尚未得到充分化解，可能留下很多法律及社会治理风险。检察机关面对这一个案件的处理，秉持了实事求是的态度：一方面，介入了、监督了；另一方面，也对不合法的监督申请说"不"——但又不仅仅是说"不"就算了，而是抓住真实的问题，去解决问题，实现了做实行政检察的第一个"实"，即实事求是。

第二，这个案例体现了行政检察"面向实质问题"这样的特点。透过法律关系的分析，似乎法律关系没有问题；但是，在形式法律关系背后的实质问题尚未真正化解，比如当事人在过去几年中，已经提起5个诉讼、法院做了15次判决，表明当事人一直不消停下来。怎么办？从法律上看，争议似乎已经解决了；但事情没了，这就会留下很多社会基层治理风险。事情没了，就是工作没做到位。检察机关在这个案件中，面向实际问题，而不仅仅是让申诉的当事人满意。刚才市委书记也说了，检察机关解决了老大难问题，帮了政府的大忙。我觉得这说的是实话，本案中检察机关的努力使基层治理中久拖不决的问题通过法治化轨道得到了化解。

第三，体现了"依法做实"行政检察工作的精神。检察机关在处理这个案件的过程中，并不是"和稀泥"，而是严格在法律监督框架内，依法化解这些问题。这包括程序上的依法，召开很多听证会，召开很多协商座谈；也包括实体依法，严格坚守法律标准，按照法律标准处理问题。所以，在依法方面，既指出违法和不当行为并予以纠正，又对当事人的违法诉求，坚决说"不"。依法做实，做实事，而不是无原则地"和稀泥"，体现了既要做实，更要依法的原则。

第四，体现了行政检察"追求实效"的工作精神。通过维护合法的法律关系，真正化解实际问题，使我们行政检察工作落地，落得比较踏实，落得有实效，而且不仅是个案中的实效，也是制度层面的实效。我觉得这个案例在"追求实效"方面，非常有代表性。

9. 杨某诉广东省某市税务局涉税行政争议监督案

【关键词】

房产交易阴阳合同　社会治理　检察建议

【案例简介】

2017年4月，杨某与万某签署房地产转让合同，约定杨某向万某转让涉案房产，转让款为150万元，房产过户产生的一切税费由万某承担。后中介公司以50万元的交易合同代为办理涉案房产办税业务。2018年12月，杨某向税务部门实名举报涉案物业未按照真实交易价格申报纳税。税务部门制发《税务事项通知书》送达杨某，要求其到税务部门申报缴纳相关税费。杨某不服税务通知，经行政复议被维持后提起行政诉讼，要求法院撤销涉案复议决定和税务通知书。两级法院均驳回杨某诉讼请求。申请再审被驳回后，杨某向检察机关申请监督。

广东省某市检察院受理后，经审查认为：1. 杨某作为涉案房产买卖交易中的卖方，是法定纳税人，具有依法如实进行纳税申报义务。涉案《税务事项通知书》仅是通知杨某前往办理纳税申报事宜，并未直接确定扣缴义务人，亦未确定具体税种和缴税金额。法院驳回杨某的诉讼请求并无不当。2. 涉案尚有100万元的交易款未缴纳相关税费，万某是该笔税款实际扣缴义务人，税务部门未追缴到位。3. 涉案房产中介公司违法协助当事人规避房屋交易税费，就同一房屋签订不同交易价款的合同的行为违反《房地产经纪管理办法》规定，住建部门负有监管职责。

某市检察院依法对杨某的监督申请作出不支持监督决定，同时依职权监督，分别向市税务局和市住建局发出检察建议，建议税务、住建部门依法查处涉案逃税行为，对涉案中介公司违法办理行为进行调查处理，对房地产交易中以"阴阳合同"避税现象开展专项清查，强化监管，规范房地产交易秩序。

收到检察建议后，税务、住建部门均多举措落实检察建议内容，追缴涉案逃税款4万元，排查本地近3年房产交易台账1000余宗，核查人员

2000 余人，通过稽查追缴税款 18 万余元，处罚涉案中介公司，排查全市中介机构 130 余家，促成相关职能部门完善系统数据交换对接平台建设和存量房价格评估机制，实现房地产交易的"三价合一"，最大限度降低房屋交易税务风险，启动市级规范性文件的修订工作等。

【意义】

检察机关发挥行政检察"穿透式"监督职能，在督促税务部门依法追缴逃税款，督促住建部门依法查处违法中介过程中，既促进企业合规经营、净化市场营商环境，又紧抓房产中介违法操作"阴阳合同"规避房屋交易税费类型化问题，助力社会治理体系和治理能力现代化建设，有效服务经济社会高质量发展。

办案心得体会

精办行政检察"小"案件　做好为民司法"大"文章

马佳娜[*]　郑　欣[**]　王贤福[***]

2022年1月24日,广东省中山市人民检察院第五检察部行政检察办案组办理的杨某诉某税务局涉税行政争议监督案入选最高人民检察院公布的"2021年度十大行政检察典型案例",这对办案组既是莫大的肯定,也是鞭策和鼓励,更是坚定了办案组继续精办行政检察"小"案件,做好为民司法"大"文章的决心。

一年前,办案组收到杨某不服生效行政判决申请检察监督案。这是一起涉税的普通行政诉讼监督小案件。杨某将其房产以150万元的价格转让给万某,约定一切税费由万某承担。而房产中介公司却以50万元的交易合同代理办税业务。税务机关在接到杨某举报后向杨某发出《税务事项通知书》,通知杨某前往办理纳税申报事宜。杨某不服税务机关的通知,提起行政诉讼但败诉,遂申请检察监督。如果单纯审查案件并作出支持或不支持监督的决定,对办案组而言并非难事。然而,如何在办案过程中解决申请人的实质诉求,增强行政执法公信力,维护司法权威,助力社会治理,为大局服务却是办案组不断思考的问题。秉持行政检察"精准监督""穿透式"监督理念,办案组深入调查,以求极致"止于至善"的态度开始精办这起普通的"小"案件。

一是把握监督精度,做依法行政和公正司法的护航者。行政检察"一手托两家",既监督司法公正,又促进依法行政。如何在行政检察监督过程中做好依法行政和公正司法的护航者?办案组认为,努力提升办案质量,在查清事实、辨明是非的基础上,将"精准监督"理念落到实处,对

---

[*] 广东省中山市人民检察院第五检察部副主任、二级检察官。
[**] 广东省中山市人民检察院第五检察部四级高级检察官。
[***] 广东省中山市人民检察院第五检察部五级检察官助理。

违法裁判与违法行政要依法提出监督意见，对合法裁判与合法行政，要旗帜鲜明地予以支持。

在本案中，单从行政行为的性质来看，税务机关仅是通知杨某前往纳税申报，并未确定涉案具体税种和缴税金额，更未直接确定扣缴义务人，该通知对杨某权利义务并未产生实质性影响。杨某作为法定纳税人，有配合税务调查和纳税申报义务。虽然涉案交易房产免征增值税且交易中约定买方作为个人所得税扣缴义务人，但上述理由并不能作为杨某排除调查和纳税申报的依据。经审查，办案组认为税务机关向杨某发出的《税务事项通知书》不违法，法院判决驳回杨某诉讼请求并无不当。办案组依法向杨某作出不支持监督申请决定，切实维护执法、司法权威。为实质性化解行政争议，办案组向杨某释法说理，引导其配合税务调查，协助税务机关依法向买方万某追缴税款和滞纳金4.8万余元。

二是关注监督深度，做企业合规经营的领路人。为促进企业合规经营、净化市场营商环境，促进中山市经济社会高质量发展，办案组持续跟进监督，紧紧抓住涉案房产中介公司操作"阴阳合同"规避税费问题向税务机关、住建部门开展调研摸排普遍性违法问题，力促类案监管到位，做深做实类案监督、系统监督。

经前期调研走访和征求意见后，办案组进一步向税务机关、住建部门提出社会治理检察建议，建议税务机关对涉案房产中介公司开展税务稽查，类型化排查涉税违法行为。建议住建部门对涉案房产中介公司违反《房地产经纪管理办法》规定，协助当事人操作"阴阳合同"规避税费的行为予以查处，对全市中介公司类型化问题开展专项清查。

检察建议发出后，税务机关、住建部门依法采纳建议内容。税务机关排查涉案房产中介公司近3年房产交易台账，稽查追缴涉案房产中介公司逃税款18万余元。住建部门将涉案房产中介公司移交市城管执法局进行行政处罚，并将其纳入诚信系统预录黑名单，停止其提供居间服务的二手房交易网签资格。同时，住建部门排查全市中介机构132家，对发现的问题分类汇总并公示处理。

三是根植监督厚度，做优化法治环境的助力者。延伸监督职能，打通"最后一公里"，是行政检察参与社会治理、推进法治政府建设，实现"双赢多赢共赢"的有效途径。

如何抓源治本，堵塞房产交易中以"阴阳合同"避税的漏洞，助力社会治理体系和治理能力现代化建设是办案组深入思考的问题。为达到源头治理，力促房产交易中以"阴阳合同"避税问题整体杜绝到位。办案组督促税务机关与住建部门联合开展对全市中介行业合规培训、税法宣教、警示教育等专项行动，同时完善对接平台和价格评估机制，实现房地产交易的"成交合同备案价、税务评估价、实际成交价三价合一"，并启动市级规范性文件的修订工作，助力法治环境优化。

四是延伸监督广度，做宣传法治故事的有心人。案例的价值在于运用。案例是最鲜活的法治教材，是最生动的法治教科书。为民司法，不仅要用心、用智、用情办好每一起群众身边的"小"案件，也要用好群众身边的小案例讲好检察故事，以案释法普法，让人民群众以看得见的方式感受行政检察监督的触角。

为拓展监督广度，办案组强化办案经验总结，宣传稿《两份检察建议打破房产交易领域"阴阳合同"怪圈》《遭遇"阴阳合同"，原房东举报后却惹上麻烦……》被《检察日报》和最高检、广东省检察院公众号采用，案例被中山政法委公众号推广，切实落实好"谁办案谁普法"的责任，做好宣传法治故事的有心人。

至此，这起普通的"小"案件真正圆满结案。数月后，最高检公布该案入选"2021年度十大行政检察典型案例"。对于该案的成功入选，办案组认为这离不开最高检和省检的支持、市院党组的重视、办案组扎实的办案、税务机关和住建机关的积极配合以及政法队伍同仁的多方共同努力，这是多项积极因素叠加促成的结果。正如中国法学会行政法学研究会副会长、中国人民大学法学院教授、《法学家》副主编杨建顺对该案点评所言："本案所涉标的物不是很大，由于各方面皆能积极响应，体现了监督、参与、协治的新发展理念，这让本案更具有广泛覆盖性和极强的可复制性推广价值。"

一滴水可以折射出太阳的光，一片落叶也可以知晓秋的凉。在办案中，办案组深深体会到，行政检察人"为大局服务，为人民司法"的初心使命，是要践行于日常办理的一起起"小"案件中。只有在一起起"小"案件中主动践行检察官的办案自觉、办案情怀与办案担当，才能以一个个优质的检察产品，回应人民的期盼，做好为民司法的"大"文章。

专家点评

以行政检察的"穿透式"监督促行政过程的合法规范运营机制

杨建顺[*]

针对房产交易中以"阴阳合同"规避房屋交易税费的突出问题,人民检察院以个人申请检察监督为契机,将检察监督权依法且有效地运用于一般行政过程,厘清举报人和纳税义务人的权责分界,以检察建议的形式,督促行政机关补正相关执法行为,并进一步推动相关规范性文件的修订工作,促成相关职能部门完善系统数据交换对接平台建设和存量房价格评估机制,加大对房地产交易领域中介公司以"阴阳合同"规避房屋交易税费问题的清查力度,最大限度降低房屋交易税务风险,为实现合法规范运营机制提供建议,强化类案监督,圆满实现"办理一案、治理一片"的监督效果。本案不是在某个方面,而是几乎在全部过程(包括程序和实体等)所有方面,都堪称完美。本案所涉标的物不是很大,由于各方面皆能积极响应,体现了监督、参与、协治的新发展理念,这让本案更具有广泛覆盖性和极强的可复制性推广价值。

本案不仅法律依据充分,而且对行政行为的监督方式得当,其实效性也得以保障,进而促成"办理一案、治理一片"的效果,可谓理论与实践紧密结合,是践履人民检察院组织法和行政诉讼法等法规范相关规定的典范,是落实《中共中央关于加强新时代检察机关法律监督工作的意见》精神的楷模,堪称"行政检察监督法学"[①]的典型案例之典范。

---

[*] 中国法学会行政法学研究会副会长、中国人民大学法学院教授、《法学家》副主编。

[①] "行政检察监督法学"是笔者最近提出的新概念,目的是将行政法学理论研究成果更好地应用于检察实践,将检察实践中的经验更好地反映于行政法学理论研究之中。参见杨建顺:《检察制度发展与行政法学研究的维度》,载《人民检察》2021年第21—22期合刊。

一、依法全面履行检察监督职能

根据人民检察院组织法的规定，人民检察院通过行使检察权，维护个人和组织的合法权益，维护国家利益和社会公共利益，保障法律正确实施。2017年修改行政诉讼法，新增检察建议和检察行政公益诉讼制度。人民检察院在履行职责中发现相关领域负有监督管理职责的行政机关违法行使职权或者不作为，致使国家利益或者社会公共利益受到侵害的，应当向行政机关提出检察建议，督促其依法履行职责。本案正是认真践履上述规定的典范。

第一，杨某的申请监督提供了直接而充分的契机。本案是涉税行政争议检察监督案，杨某的举报、复议、起诉和申请监督，分别成为各个阶段不同公权力的启动契机，也为人民检察院行使法定的行政检察监督权提供了直接而充分的契机。基于杨某的申请监督而启动行政检察监督权，体现了"人民检察院在履行职责中发现"之相对消极性的行权要件。既要遵循相对消极性和补充性原则，又要顺势积极作为，这是行政检察监督法学需要特别关注并潜心研讨的课题，而本案提供了重要素材。

第二，人民检察院顺势积极作为依职权"穿透式"监督。在本案中，人民检察院在遵循前述法律规定的这一消极性的行权要件的同时，顺势积极作为，依职权进行行政检察监督，并以检察建议的形式实现了对行政过程的有效监督。

在本案中，若作为行政检察公益诉讼的前置程序来定位检察建议的话，那么，就其所监督对象的性质类别来说，比照《行政诉讼法》第25条第4款所列举事项来看，或许其法律依据还存在一定的争议余地。不过，从中共中央"全面深化行政检察监督"的要求来看，检察机关"在履行法律监督职责中发现行政机关违法行使职权或者不行使职权的，可以依照法律规定制发检察建议等督促其纠正；在履行法律监督职责中开展行政争议实质性化解工作，促进案结事了"。① 将检察建议作为行政检察监督权的具体行使方式，检察机关对行政机关制发检察建议便具有了广阔用武之地。

本案正是这方面的典范。正如案件材料所归纳总结的那样：检察机关

---

① 《中共中央关于加强新时代检察机关法律监督工作的意见》之"全面提升法律监督质量和效果，维护司法公正"。

发挥行政检察"穿透式"监督职能，在督促税务部门依法追缴逃税款，督促住建部门依法查处违法中介过程中，既促进企业合规经营、净化市场营商环境，又紧抓房产中介违法操作"阴阳合同"规避房屋交易税费类型化问题，助力社会治理体系和治理能力现代化建设，有效服务经济社会高质量发展。

检察机关依法行使行政检察权，不仅助力社会治理体系和治理能力现代化建设，而且助力行政主体合法规范运营机制，助力法治政府建设工作推进。本案在这方面的意义值得相关部门高度重视，并通过行政检察监督法学的确认和推进，予以全面推开，加以贯彻落实落细落地。

二、检察机关法律监督工作的展开

"维护国家利益和社会公共利益，保障法律正确实施"[1]，是作为"保护国家利益和社会公共利益的重要力量"[2]的检察机关的法定职责。在本案中，检察机关充分发挥行政检察"穿透式"监督职能，督促税务部门依法追缴逃税款，督促住建部门依法查处违法中介，有效维护国家利益和社会公共利益，其工作经验值得认真总结并扎实宣传推广。

第一，认真调查核实，查明事实真相。某市检察院受理后，经调查核实，查明了事实真相，为正确处理各类问题奠定了扎实基础。（1）杨某作为法定纳税人的纳税申报义务；（2）尚有100万元的房款未缴纳相关税费；（3）涉案房产中介公司存在代办"阴阳合同"等违法情形。该行为涉嫌违反《房地产经纪管理办法》规定，住建部门负有监管职责，须依法追究相应责任。

第二，厘清举报人和纳税义务人的权责分界。注重依法审查生效裁判，维护司法公正，分别确认二级法院判决的正确性。对杨某的监督申请依法作出不支持监督申请决定，并向杨某释法析理，杨某认可检察机关的处理意见，服判息诉。

第三，"穿透式"监督，督促行政机关依法履职。发挥行政检察"穿透式"监督职能，督促行政机关依法及时履行职责，维护国家利益和社会公共利益。针对涉案房产中介公司违法代理、违法协助当事人规避房屋交易税费等问题，某市检察院积极走访相关职能部门调研，摸排实务中二手

---

[1] 《人民检察院组织法》第2条。
[2] 《中共中央关于加强新时代检察机关法律监督工作的意见》。

房交易市场类案情况。在充分调研的基础上,向税务、住建等部门发出检察建议①,督促职能部门履行监管职责,净化市场营商环境,促进经济社会高质量发展。

三、行政机关积极配合,检察建议具有"刚性"

收到检察建议后,市税务局和市住建局均高度重视,第一时间口头采纳检察建议内容并开展多举措落实检察建议内容。继而书面回复检察建议落实情况。由点及面,助力房产交易涉税领域社会治理体系和治理能力现代化建设,实现了"检察建议做成刚性"的监督效果。

四、合法规范运营机制的提倡

第一,行政复议是解决行政争议的理想形态亦存在其局限性。杨某申请行政复议,行政复议机关作出维持决定,似没有像检察机关那样释法析理。第二,法院判决具有合法性也存在其局限性。杨某提起诉讼,两级法院的判决和再审法院的裁定驳回,皆具有合法性(检察机关也予以确认),同时也存在其局限性。似没有像检察机关那样释法析理。第三,行政检察监督经验在行政过程中值得借鉴。

新时代,呼唤让党和人民放心满意的好检察官、好法官、好公务员。在本案中,检察机关的检察建议做成了"刚性"。税务部门和住建部门都认真扎实地贯彻落实了。不仅贯彻落实了,而且举一反三,加强类案管理,建构了相关机制。亡羊补牢未为晚矣。

值得进一步强调和重视的是,本案行政检察监督的经验如何在行政过程中借鉴。推进行政过程中所有环节的合法规范运营机制建设和完善,任重而道远。

---

① 此处的检察建议定性有待进一步斟酌。主办方提供的材料显示,该检察建议被定性为社会治理检察建议,应该说是有一定道理的,但如此定性难免片面。其实,本案中的检察建议主要是关于行政管理举措的,故而应当定性为行政过程检察建议。

10. 韦某、黎某诉陕西省某市某区建设局撤销备案登记监督案

【关键词】
业委会选举　业主权利　检察建议　基层治理

【案例简介】
2019年1月，陕西省某市某小区组织进行了业委会换届选举并向某区建设局备案。2019年5月，该小区业主韦某、黎某向某区法院提起行政诉讼，请求撤销备案。2019年11月，法院以原告业主人数、专有面积都未过半，不具有提起行政诉讼的主体资格为由，裁定驳回起诉。韦某、黎某的上诉请求和再审申请被驳回后，向检察机关申请监督。

某市检察院经调阅案卷、听取法院、某区建设局相关人员意见等调查核实查明，该业委会选举中存在参加投票的业主人数和专有面积占比均未过半，换届筹备组成员作为候选人参选等情形，选举过程和结果明显违法。某市检察院审查认为，法院以不具备主体资格裁定驳回起诉并无不当。但此案涉及1500余户群众切身利益，业委会选举过程中存在诸多违法情形，导致部分群众产生不满情绪进而引发诉讼。2021年1月1日施行的《民法典》针对"业委会成立难""业主作决议表决难"等问题，明确规定地方政府和社区居委会应当对业委会选举等给予指导和协助；对业主大会作出的违反法律、法规的决定，应当责令限期改正或者撤销其决定，并通告全体业主。对本案所反映出的基层社会治理"短板"和漏洞，检察机关可以通过督促行政机关和有关基层组织履行行业监督和指导职责的方式，规范业委会选举和履职，实质性解决争议。

2021年3月，某市检察机关对本案公开听证后，分别向某街道办事处、某社区居委会发出检察建议，建议街道办事处加强对业主大会成立、业委会选举的指导和协助，确保业委会选举依法依规进行；建议社区居委会加强指导和监督，规范引导广大业主依法参与、自我管理，从源头上减少纠纷和矛盾。相关单位采纳检察建议并整改落实。某社区制定了《居委会指导监督业委会工作指南》，某街道办事处召开专题会议学习相关法律

规定，收回原业委会印章，指导该小区重新组织业委会选举，并对辖区另外两个小区的业委会选举进行了规范。韦某、黎某撤回监督申请，检察机关依法终结审查。

【意义】

业主大会、业委会是维护业主合法权益、体现业主自治、改善人居环境、提升基层治理的有效方式。《民法典》对业委会的设立、业主共同决定的事项及表决规则等相关规定，体现了小区治理的业主共治与政府管理相结合理念。检察机关准确把握《民法典》有关规定精神，督促行政机关和基层组织履行指导协助职责，维护广大业主安居乐业的良好环境，在推动基层治理"最后一公里"方面展现了检察担当。

📝 **办案心得体会**

我们一点一滴的努力人民群众都会感受得到

宋　卓[*]　袁宜龙[**]　可　睿[***]

腊月二十二，辞旧迎新之际，收到了我市检察机关办理的韦某、黎某诉某区建设局撤销行政备案登记检察监督入选2021年度十大行政检察典型案例的好消息，一年内两个案件入选全国典型案例，我们备受鼓舞的同时，认真回顾梳理案件办理的历程，有以下体会：

一、新时代人民群众对法治的新需求，要求我们努力解决行政诉讼"程序空转"问题

行政案件"案结事不了、程序空转"问题突出，许多案件经过一审、二审、再审，反复纠缠于法院是否应当受理，当事人的诉求未得到实体审理，在这起案件中表现得特别明显。受理案件后，第一次接待申请人黎某就给了我们一个"下马威"，很倔强，语速快、声音大，不停地诉说着自己的委屈和不满，想插一句话都困难，更别说释法说理，压根儿不听，反驳起来底气也十足，给我们留下了深刻印象。

我们初步审查发现，这是一起对涉及业主共同利益的行政行为提起的诉讼案件，该类诉讼需要业主委员会、专有面积过半或者总户数过半的业主提起。该小区有1500余户业主，两名申请人显然不具有提起诉讼的主体资格，法院裁定驳回起诉并无不当。但是案件的背后，隐藏着小区公共生活中多元利益的分化和冲突。3年的诉讼，消耗了大量的司法资源，也耗费了当事人的诉讼成本，如果争议背后隐藏的利益冲突没有得到妥善处理，则可能会引起矛盾激化升级，甚至酿成群体性事件。办案组讨论后，

---

[*] 陕西省铜川市人民检察院副检察长、三级高级检察官。
[**] 陕西省铜川市人民检察院第五检察部副主任、三级检察官助理。
[***] 陕西省铜川市耀州区人民检察院二级检察官。

报请院领导研判,殷军检察长指出,这个案件的处理,1500多户群众在关注,不能简单机械作出不支持监督决定,要依法积极回应群众的关切,为社会消戾气,多元化开展化解,促进案结事了政和。

二、行政争议化解需要在查明案件事实、厘清法律关系的基础上依法进行

化解行政争议,不是毫无原则地"和稀泥"。案件办理期间,我们查阅了裁判文书网、检答网大量的同类案例。针对业主委员会备案行为的性质是告知,还是行政确认;行政主管部门、乡镇政府对业主大会决定的监督指导职责等进行了研讨论证。仔细审阅了案件诉讼材料后,与双方当事人进行了多次谈话,走访了社区、街办,市、区两级物业主管部门,司法行政部门,市、区两级法院,调查核实案件中业委会选举、备案情况。查明,该小区业主大会选举业委会过程中,存在参加选举业主人数未过半,无记名投票等诸多违法情形,选举中行政机关疏于监管指导,未严格审查备案材料,作出备案登记等情形。同时,我们多次与申请人谈话,掌握其实质诉求,有针对性地进行了情绪疏导,为下一步依法化解争议奠定了基础。

三、检察听证在化解"程序空转"案件中起到"重新实体审理"的效果

2021年3月,我们邀请市人大代表、政协委员、人民监督员、律师等作为听证员,组织案件双方当事人,市、区、街办、社区四级物业管理负责同志,辖区群众代表参加,对本案进行公开听证。申请人从作为小区业主为什么要打官司,想要得到什么结果等方面,充分地阐明了观点,区建设局围绕其在物业管理、业主大会、业委会指导监管等方面的职责,进一步规范工作程序,完善制度等方面提出了意见,双方逐渐从对立争辩,转成对如何更好地完善小区治理的讨论。听证员评议后,形成建议检察机关对法院审判程序违法和行政机关疏于监管问题进行监督的意见。两位听证员代表分别从法律角度和社会角度,对业主委员会提起行政诉讼的主体资格、基层政府、社区对业主治理事项的指导监管职责规范进行了解读,对申请人热心参与业主自治,维护小区、社区群众合法权益给予了鼓励和感谢。申请人当场表示,此次听证也是一场难得的法律公开课,同意听证意见,撤回监督申请。这次听证可以说,一方面是给予"程序空转"未实体审理案件的当事人以通过看得见、听得到的法治形式"重新审查案件"新的机会;另一方面争议的产生并不一定是孰是孰非,而是缺乏充分的沟通,此次听证形成了"检察搭台、多方唱戏"的格局,情理法融会贯通,让当事人回归理性,修复"官民关系",合力化解矛盾纠纷的效果,取得良好的社会效果。2021年12月本案也入选全省行政检察为民办实事典型案例。

四、坚持法治思维和法治方式,立足法律监督职能是参与争议实质性化解的检察优势

检察机关行使行政检察监督职能追求实质化解行政争议的目标,同时还需要坚持法治的价值。我们不能为了化解行政争议而牺牲法治价值。与法院之间以及与行政机关之间进行联动、协调的同时,不能放弃监督、制约。充分发挥检察机关的制度优势,真正履行法律监督者职责。针对发现的审判程序违法和行政机关疏于监管问题,我们运用检察一体化机制,交办耀州区院新区检察室分别向区法院、某街道办事处、某社区居委会发出检察建议。相关单位积极进行整改,并对辖区其他小区业委会选举进行了规范。针对发现的行政复议与诉讼信息共享和工作衔接不畅,导致重复受理问题,市院牵头与市中级人民法院、市司法局会签了《关于强化行政审判、行政检察和行政复议工作衔接促进行政争议实质性化解的意见》,明确规定了三方强化信息共享、规范案件受理,实现了办理一案、影响一片的良好法治效果。

五、我们的点滴努力,群众都可以感受到,行政争议实质性化解工作任重道远

本案办结后,参加听证的人大代表,给我们发来了这样的点评:"按照程序完全可以驳回,但你们真是为群众办实事,也为铜川的稳定作出了贡献,为检察院有温度的工作点赞。"案件听证会后,申请人黎某由衷地说,组织这么一场听证真不容易,区建设局、街办、社区几个人管理这么大的辖区也真不容易。几个月后,又兴奋地给我们打来电话说,《陕西省物业管理条例》正式实施了,对业主大会选举有了新的规范,邀请我们一块儿学习、研究。我们也深受感动,我们的点滴努力,群众真的都会感受到。办案就是办别人的人生,但又何尝不是在办我们自己的人生!相对于为小区业主共同利益,历经 3 年,奔波于三级法院诉讼的当事人,我们那点不容易算得了什么呢!如果当初,我们一纸不支持监督申请决定简单结案,群众给我们打电话,可能更多的会是愤怒,会是对检察机关的失望。

掩卷深思,任重道远。行政检察作为行政诉讼重要一环,我们将继续践行以人民为中心的思想,发挥法律监督职能,避免就案办案,注重社会矛盾疏导,多元化解纠纷,主动延伸司法职能,多种渠道解决实质争议,办好身边每个案件,为党分忧,为民解困。

专家点评

主动勇于作为化解基层治理难题
做实新时代检察社会治理工作

陈 猛[*]

近年来，继《物业管理条例》修订后，各地物业管理规则条例修订有序推进。"小物业"牵动"大民生"，物业管理既是重大的民生问题，也是社区治理的重要部分，涉及千家万户的切身利益，物业管理的好坏直接影响市民的获得感、幸福感和安全感，也是社会治理体系和治理能力现代化的重要体现。业主大会、业主委员会更是我国新兴的基层治理的重要形式。在韦某、黎某诉陕西省某市某区建设局撤销备案登记监督案件中，检察机关深入审查案件事实，查明小区业主委员会在换届选举过程中存在明显违法情形，在法院判决并无不当的情况下，没有简单机械地不支持监督申请，而是坚决贯彻以人民为中心的办案理念，坚持问题导向，积极回应当事人合理诉求，通过召开听证会的形式对监督申请人、区建设局、业主委员会代表等多方释法说理，通过制发检察建议的方式督促行政机关和有关基层组织履行监督和指导职责，使一起涉及1500余户群众切身利益的争议得以成功解决，还同步推动检察机关与司法行政机关、人民法院工作机制的有效衔接，推动行政争议高水平实质性化解。本案是全面深化行政检察监督、深入贯彻习近平法治思想和《中共中央关于加强新时代检察机关法律监督工作的意见》的成果体现。

一、法院驳回并无不当，当事人合理诉求在法律层面难以实现——检察机关坚持以人民为中心，深入调查，运用召开听证会的方式搭建沟通平台、实质性化解行政争议

人民法院是国家的审判机关，依法独立行使审判权。人民检察院作为

---

[*] 北京市律师协会行政法与行政诉讼法专业委员会主任。

国家的法律监督机关，在监督人民法院适用法律、监督行政机关实施法律的过程中，能够突破主观诉讼和客观诉讼的樊篱和束缚，灵活运用多种方式最大限度地维护人民群众的合法权益。在本案中，因当事人韦某、黎某不具备对行政机关提起诉讼的主体资格，法院依法判决驳回起诉并无不当。检察院运用"穿透式"检察的方式，深入调查案件事实，发现某小区业主委员会在换届选举过程中存在明显违法行为，街道办事处派出人员亦没有依法履行监督指导的职责。此案不仅关系到检察监督申请人韦某、黎某的合理诉求能否得到回应，更关系到1500余户群众的切身利益。为正面回应当事人合理诉求、对业主委员会换届选举中的违法问题予以纠正、监督行政机关履职行为，检察机关依法召开听证会，搭建沟通对话平台。

在听证过程中，检察院邀请政协委员、人大代表、人民监督员、律师作为听证员，与韦某、黎某、区建设局、业主委员会进行面对面交流，现场释法说理，特别对韦某、黎某所关心的业主委员会换届选举中的违法问题作出了正面回应，并指出区建设局对业主委员会明显违法的行为应当依法予以撤销或责令其改正，以最大可能减少程序空转，减少群众诉累。

通过听证的方式，韦某、黎某的合理诉求得到了正面回应，当场决定撤回监督申请，各方代表在如何规范业主大会和业主委员会的工作问题上达成一致意见，至此，本案所涉行政争议得到实质性化解。

二、基层治理既要依法发挥行政部门的监督和引导作用，更要依靠民众自治，走民众自治与政府监管相结合的道路

第一，业主委员会是把"双刃剑"，有效的监督引导是关键——运用检察建议督促行政部门发挥对业主大会和业主委员会的监督和引导作用。

物业管理关系到千家万户，与广大人民群众的生活息息相关。近年来，随着城镇化步伐的加快，业主与物业管理公司之间，业主与业主委员会之间，业主委员会与物业管理公司之间的纠纷急剧上升，存在部分业委会不作为、乱作为，业主损害小区公共利益，物业服务管理不到位损害业主利益等问题，引发多起诉讼，甚至群体信访。一方面，相关矛盾的解决有利于缓解业主、业主委员会、物业管理公司之间的紧张关系，依法维护广大业主的合法权益；另一方面，应看到正是缺乏有效的监督引导，才使物业管理领域矛盾频发。应加强对业主大会、业主委员会的监督、指导和协助，对实践中暴露的问题做到既治标也治本。

检察机关进行检察监督的目的不在于个案输赢，而在于发现问题、解决问题，深入病灶化解难题，运用检察建议的方式督促街道办事处和居委会加强对业主大会和业主委员会工作的监督和引导。根据《业主大会和业主委员会指导规则》的规定，物业所在的街道办事处负有对设立业主大会、选举业主委员会、业主大会和业主委员会的日常活动监督、指导和协助的法定职责。此外，社区居委会作为社区居民自治的组织者、推动者和实践者，也应当依法依规组织开展有关监督活动，规范引导广大业主积极依法参与、自我管理、维护业主合法权益、改善社区生活环境。在本案中，街道办事处和社区居委会在业主委员会换届选举过程中严重缺位，未有效履行职责，检察机关据此发出检察建议，督促街道办事处和居委会加强对业主大会、业主委员会的指导和协助力度。本案遵循业主自治和政府依法监督相结合的原则，提升行业和社会治理，从源头上减少矛盾和纠纷。

第二，基层治理更应充分发挥业主自治，提升业主主人翁意识，优化制度设计，推动业主积极参与社区治理，业主自治任重且道远。

业主是社区的主人，是社区的主体，业主大会、业主委员会是业主依法行使自治权的途径和方式。要发挥好业主大会、业主委员会的作用，必须积极调动业主参与社区治理的积极性。

本案听证会之后，检察院依法向街道办事处提出检察建议。街道办事处采纳了检察机关的检察建议，举办了"业主委员会法律知识培训会"，对街道办、社区居委会如何正确地指导业主委员会的成立进行了详细的解读，并对辖区内小区业主委员会存在的问题进行了集中解决，认真履行对其辖区内的业主委员会的监督管理工作。但在监督指导涉案小区业主委员会选举过程中，自业主委员会选举筹备组成立以来，筹备组编写公告、会议安排、印制文件等，均由街道办工作人员完成，民众参与的积极性不高，除筹备组组长和当事人黎某，其余成员未实质参与筹备工作，最终因无群众基础、无一人报名参与业主委员会候选人，筹备工作无法顺利进行。虽然本次民主选举因无业积极参与而暂时无法推动，我们依然认为检察机关可以对实践中出现的此类问题予以关注和研究，积极寻找解决对策，在业主自治领域作出更突出的成就。

业主的积极参与是业主大会、业主委员会得以发挥社会基层治理作用的基础。但任何制度要真正在社会治理中发挥作用都不是朝夕之事，这需要制度设计者在制度运行中不断与现实进行调配，需要制度运行的管理部门积极推动、制度的参与者提高主人翁意识。调动业主参与的积极性不仅仅要依靠街道办事处、居委会的指引，还需要完善整个程序的设置。在此过程中，检察机关可以发挥引领和带动作用，助力相关制度的实施和完善，体现新时代检察担当。

三、强化行政复议、行政诉讼和行政检察监督工作衔接，推动行政争议高水平实质性化解——发挥检察机关对行政审判机关、行政复议机关的监督和引领作用

行政复议制度、行政诉讼制度和行政检察监督制度是解决行政争议的"三驾马车"，各自发挥不同的职能，相互补充。只有完善行政复议制度、行政诉讼制度和行政检察监督制度的衔接机制、使三大制度既发挥各自职能优势，又能形成工作合力，才能将行政争议实质性化解推向更高水平。

在本案中，由于行政诉讼制度与行政复议制度缺乏信息共享和工作协调机制，导致本案在行政诉讼阶段复议机关对案件进行了重复受理，且作出了与人民法院完全相反的复议决定，导致了法律适用的不统一、造成"同案不同判"。在二审过程中，黎某就该争议向市人民政府申请行政复议，市政府作出复议决定，撤销备案。为完善行政复议、行政审判、行政检察工作的衔接，该市检察院会同市法院、市司法局联合印发《关于强化行政审判、行政检察和行政复议工作衔接促进行政争议实质性化解的意见》，明确规定三方对受理的行政案件，强化信息共享，对同一主体就同一事实和理由提起诉讼，行政复议机关已经受理的，在法定复议办理期限，人民法院不予受理。人民法院已经受理的行政争议，行政复议机关不再将此作为行政复议案件受理。此外，通过建立法院、检察院、司法局联席会的方式，对行政争议处理过程中存在的问题进一步加强工作协调配合，建立健全长效工作机制的对策措施。

人民检察院是国家的法律监督机关，是保护国家利益和社会公共利益的重要力量。新时代的行政检察监督工作既要加强民生司法保障，为人民司法，又要注重检察监督的质量和效果，做到主动监督、系统监督、实质监督，全面提升行政检察监督工作的能力和水平，为全面推进依法治国、建设社会主义法治国家贡献力量。

2021年度行政检察优秀案例

1. 张某等人诉天津市公安局、某区分局行政处罚和行政复议监督案

【关键词】

行民交叉　检察听证　"一揽子"解决争议

【案例简介】

2000年，张某、付某购买了某开发商开发的某小区住宅，因小区前一闲置空地的开发使用问题，张某、付某及小区其他业主与小区开发商存在长期的民事纠纷。2019年6月，开发商未经规划部门审批，在该争议地块建设围墙，张某、付某与小区其他业主多次与开发商沟通未果，便将开发商正在建设的部分围墙推倒。天津市公安局某区分局于2019年6月30日分别对张某、付某作出行政拘留5日的行政处罚决定。张某、付某二人不服，向天津市公安局申请复议，市公安局维持处罚决定。2019年11月，张某、付某起诉请求撤销某区分局的行政处罚决定书和市公安局的复议决定书，区法院经审理判决驳回二人诉讼请求，后二人上诉、申请再审，均未获得支持。张某、付某向天津市检察院某分院申请监督。

天津市检察院某分院经调查核实认为，本案申请人推倒的围墙虽未经规划审批，但申请人的行为仍具有违法性，法院对主要事实认定清楚，判决并无不当。但考虑到申请人推倒围墙是由于小区业主长期向相关部门反映围墙违法建设无果，违法情节较轻，且引发该行政争议的根源问题是该小区业主与开发商之间长达近20年的民事纠纷，若仅就案办案，该民事纠纷仍将存续，申请人及小区其他业主与开发商、行政机关之间仍存在矛盾进一步激化的可能。为化解矛盾、解决纠纷，该院组织召开检察听证会，搭建沟通对话平台。听证会查明，因开发商与小区业主缺乏沟通，张某、付某对开发商建设围墙的目的存在误会，开发商修建围墙不是为了开发争议地块，而是出于规范管理的需要。听证会后，某分院继续加强与各方当事人的沟通协调，分别指出张某、付某行为的违法性问题，公安机关取证过程存在的不足，以及开发商"未批先建"问题。2021年4月20日，该院组织召开争议化解协调会，最终张某、付某表示认可行政处罚结果，

开发商表示将加强与小区业主沟通,并从提升小区业主生活质量的角度依法使用争议地块。张某、付某递交《撤回监督申请书》,相关行政、民事争议得到"一揽子"解决。

【意义】

行政检察监督案件中存在大量行政、民事争议相互交叉的情形,相关联民事争议的解决对促成行政争议实质性化解具有重要的影响。检察机关在全面审查案件的基础上,组织召开听证会,搭建平等对话、沟通交流的平台,促进行政争议与一起近20年的民事纠纷一并化解,充分保障了小区居民的合法权益。

2. 闫某诉河北省某市人社局工伤认定监督案

【关键词】

行政裁判结果监督　抗诉　工伤认定　举证责任分配

【案例简介】

2015年7月22日晚21时许，闫某在工作中遭到3名身份不明人员殴打，致左侧尺骨骨折，3名致害人逃离。闫某向河北省某市人社局申请工伤认定，该局作出不予认定工伤决定书。闫某不服提起行政诉讼，请求判令撤销不予认定工伤决定，并判令市人社局重新作出认定，一审、二审法院均予以支持。2018年4月19日，某市人社局根据生效判决，在重新调查核实的基础上作出案涉不予认定工伤决定书，闫某不服，诉至法院。一审法院认为闫某在工作时间和工作场所内受到暴力伤害，用人单位及社会保险行政部门均无证据证明闫某系非工作原因受伤，某市人社局作出不予工伤认定决定属证据不足，判决撤销案涉决定书，并责令某市人社局重新作出认定。市人社局不服，提起上诉。二审法院认为闫某所提交的证据不能证明其所受意外伤害系因履行工作职责所致，市人社局不予认定工伤决定书并无不当，判决撤销一审判决，驳回闫某诉讼请求。闫某申请再审后被裁定驳回，向某市检察院申请监督，该院审查后提请河北省检察院抗诉。

河北省检察院审查认为，某市中级法院终审判决关于举证责任分配不当，适用法律、法规确有错误。本案争议焦点为闫某是否因履行工作职责受到暴力伤害的举证责任分配问题。根据《工伤保险条例》第14条以及《河北省工伤保险实施办法》第14条的规定，闫某提交了相关证据材料，已完成关于其所受伤害属于工伤的初步证明责任。某市人社局没有提供足够证据证明闫某所受暴力伤害系非工作原因导致，亦未对闫某申请工伤认定时提交的某派出所出具的证明进行调查核实。根据《工伤保险条例》第19条以及最高人民法院《关于审理工伤保险行政案件若干问题的规定》第4条规定，闫某在工作时间和工作场所内受到伤害，应由某市人社局对闫某所受暴力伤害系非工作原因导致承担举证责任。在某市人社局没有足够证据证明上述主张的情况下,应承担举证不能的法律后果,终审法院对此举证责任分配不当。

河北省检察院向河北省高级法院提出抗诉。省高级法院于 2021 年 11 月 22 日作出行政判决,采纳检察机关的抗诉意见,判决撤销二审判决,维持一审判决。

【意义】

职工在工作时间和工作场所内受到伤害,用人单位或者社会保险行政部门没有充分证据证明系非工作原因导致,在行政诉讼中应依法承担举证不能的法律后果。人民检察院全面把握《工伤保险条例》立法精神,践行司法为民理念,监督法院严格依法确定举证责任的承担,保障了劳动者合法权益,维护了司法公信力。

3. 李某丙诉山西省某县政府撤销建设用地使用证监督案

【关键词】

行政裁判结果监督　检察建议　确权登记

【案例简介】

山西省某县政府分别向李某甲（李某乙的叔父）、李某丙颁发的065号、061号《集体土地建设用地使用证》的用地有相互重叠部分，2014年李某乙向某县人民法院提起行政诉讼，要求撤销李某丙的061号《集体土地建设用地使用证》。该案经人民法院多次审理后，某市中级人民法院于2017年作出终审判决，撤销原登记机关向李某丙颁发的061号《集体土地建设用地使用证》。2019年，李某丙起诉请求撤销某县人民政府065号《集体土地建设用地使用证》，被法院以超过起诉期限驳回。李某丙向某市人民检察院申请监督。

某市人民检察院多次赴某县了解案情，与当事人面对面沟通，认为法院判决并无不当，经释法说理，李某丙撤回了监督申请。在办案过程中，检察机关发现李某丙的《集体土地建设用地使用证》被撤销后向某县自然资源局提交土地确权申请，但至今未得到确权登记发证。某县自然资源局存在对农村集体土地确权登记发证工作缓慢的问题，可能引发农村集体土地权属纠纷，影响社会和谐稳定。按照属地管辖，某市人民检察院将该线索交由某县人民检察院办理。某县人民检察院于2021年9月17日制发检察建议书，由某市人民检察院、某县人民检察院共同向某县自然资源局公开宣告送达，提出整改建议。某县自然资源局回函表示已责成专人认真整改落实，正在积极推进确权发证工作。

【意义】

检察机关在办理行政诉讼监督案件中，应当把解决人民群众的合理诉求作为做实行政检察的落脚点。通过落实"一案三查"机制，发挥一体办案优势形成化解合力，切实提升行政检察的监督质效。为有效推动争议实质性化解，检察机关多措并举，依法向行政机关发出检察建议的同时，引导当事人提出合理诉求，最终当事人撤回了监督申请，持续 7 年的行政争议得到实质性化解。

4. 刘某诉内蒙古自治区某市自然资源局确认行政行为违法监督案

【关键词】

行政裁判结果监督　再审检察建议　确认行政行为违法

【案例简介】

2018年6月11日,某市自然资源局(原某市城市规划局,以下简称规划局)行政执法人员在履行职责中,发现刘某在原有房屋东面建成彩钢房,南面、东北面两处建有砖瓦房,总面积350平方米。经与某市房地产管理局核实并通过卫星航拍图比对一致后,确认该房屋未取得规划审批私自建设。规划局向刘某送达《行政处罚事先告知书》,送达回证上记载"拒签"。6月15日,规划局以刘某私自建设房屋,违反《城乡规划法》第64条的规定为由,作出行政处罚决定书,限刘某于6月20日前拆除。刘某不服,向某市人民政府提出行政复议。复议期间,规划局对刘某的违法建筑实施了拆除。2018年8月24日,某市人民政府作出维持行政复议决定。刘某对复议决定不服,提起行政诉讼,诉求确认规划局拆除其房屋的行为违法,并要求赔偿损失50万元。某市法院一审认为,规划局提交的证据能确认刘某的该三处建筑为违法建筑,事实清楚;刘某未按告知期限自动拆除违法建筑,规划局强制拆除了刘某违法建筑物,是履行法定职责的行为。刘某不服一审判决,申请再审被裁定驳回,向检察机关申请监督。

某市检察院审查认为,根据《行政强制法》第44条规定,规划局在复议期限内实施拆除的行为明显违法,遂向某市人民法院发出再审检察建议。2021年7月7日,法院作出再审判决,采纳再审检察建议,撤销原审判决,确认规划局强制拆除案涉违法建筑的行政行为违法,赔偿因违法拆除刘某房屋所造成直接损失562700元。

【意义】

《行政强制法》第44条是对强制拆除规定的特殊程序,实施强制拆除须满足当事人在法定期限内既不申请复议又不提起诉讼。行政机关在复议期限内违法实施强制拆除行为，侵害了行政相对人合法权益，检察机关秉着同级监督更快捷救济当事人，更好诉源化解矛盾的原则，向人民法院发出再审检察建议监督纠正，取得良好的办案效果。

5. 吉林省某县自然资源局申请执行非法占地行政处罚监督案

【关键词】

行政非诉执行监督　检察建议　专项监督　黑土地保护

【案例简介】

王某波未经批准非法占用吉林省某县某镇5349.75平方米耕地用于建饭店、洗车场。2017年7月14日，吉林省某县自然资源局对王某波作出土地行政处罚决定，责令退还非法占用土地，限期15日内拆除建筑物和其他设施，恢复土地原状，并罚款26748.75元。王某波未申请行政复议或提起行政诉讼。2018年1月25日，某县自然资源局向某县人民法院申请强制执行。某县法院裁定准予执行，由某县人民政府组织实施。某县人民政府责成某县自然资源局组织执行，对该违法建筑进行强制拆除。

某县检察院在办理另一申请执行监督案中发现该案线索，遂依职权启动监督程序。经对现场实地踏查发现，违法建筑虽已拆除，但土地被砂石覆盖，硬化地面未清除，并未恢复土地原状亦未达到耕种条件。某县检察院向某县自然资源局制发检察建议，建议其及时履行组织执行职责，恢复土地原状。某县自然资源局采纳检察建议，立即将土地恢复原状，实现复耕复种。

为保护好黑土地这一耕地中的"大熊猫"，某县检察院联合自然资源局实地踏查，发现大量土地未恢复原状等问题。某县检察院会同县自然资源局、公安局、林业局、水利局、税务局、环保局、农业农村局、农经总站等8个行政执法单位召开保护黑土地联席会议，建立联动工作机制，共同制定《关于建立开展黑土地保护工作协作机制的意见》。某县检察院组织开展黑土地保护专项监督，相继提出检察建议15件。专项活动开展以来，通过检察监督，恢复土地原状12089.02平方米，拆除非法建筑1540平方米。

【意义】

检察机关深入贯彻落实习近平总书记关于采取有效措施切实把黑土地

这个"耕地中的大熊猫"保护好、利用好的重要指示精神，发挥行政非诉执行检察监督职能作用，以监督违法占地行政处罚个案为切入点，开展专项监督，推动建立长效机制，与有关行政执法部门形成工作合力，以检察监督实际行动，保护黑土地，守护东北大粮仓。

6. 许某等人诉黑龙江省某市人社局行政不作为监督案

【关键词】

行民交叉　再审检察建议　检察机关三级联动

【案例简介】

1979年起，许某等人在黑龙江省某市人民银行下属劳动服务公司（后归属某市银业开发总公司）工作。其间，所在单位一直未给许某等人缴纳养老保险金等，直至许某等人下岗。1999年2月，银业开发总公司办理注销登记，其债权债务由某市工商银行承担。2010年，与许某同公司的栾某等28人向市人社局投诉，要求市工商银行承担养老保险等待遇，市人社局受理并作出劳动保障监察行政处理决定，要求某市工商银行承担栾某等28人的养老保险等相关待遇。后经诉讼，栾某等28人的相关待遇得以给付。许某等人得知栾某等28人维权经过后，就相同问题向市人社局投诉，市人社局答复该投诉不在其受案范围。2017年7月19日，许某等人不服市人社局的答复意见，诉至某区法院，请求判令市人社局依法履职，后经法院一审、二审、再审均驳回了许某等人的诉讼请求，许某等人申请检察机关监督。

检察机关查明，许某等人在2017年提起案涉行政诉讼之前，曾向某市劳动人事争议仲裁委员会提出仲裁申请，该仲裁委员会作出不予受理通知书。许某等人不服仲裁决定，起诉至某区法院，该院认为当事人的诉讼请求超过诉讼时效，判决驳回诉讼请求。后许某等人以市人社局不履行劳动保障监察职责为由向某区法院提起行政诉讼，法院以许某等人的诉讼请求未经行政机关受理为由，判决驳回诉讼请求。

检察机关在办理行政诉讼监督案中发现，案涉生效行政判决依据是某区法院（2014）34号民事判决作出，而该民事判决违反最高人民法院关于劳动争议司法解释的规定，对无权处分的行政机关行政管理范畴的追缴社会保险费事项行使了审判权，即法院不应当立案而立案。经省检察院指导，市检察院将该案件线索交由某区检察院办理。经区检察院提出民事再审检察建议，某区法院撤销了 34 号民事判决。后市检察院向市中级法院发出再审检察建议，市中级法院裁定再审。2021 年 1 月 28 日，法院全部采纳了检察机关的检察建议，再审判决撤销原一审、二审行政判决和行政机关的原行政行为，责令市人社局依法重新作出处理决定。

【意义】

检察机关以再审检察建议的方式处理民事、行政生效裁判结果监督案件，使法定程序的运转时间得以缩短，提高了案件质量、降低了司法成本，高效高质地解决了司法实践中的"行民交叉"问题，切实维护了当事人的合法权益。

7. 厉某诉上海市某区卫健委、市卫健委其他行政行为监督案

【关键词】

原告诉讼权利　撤诉　抗诉

【案例简介】

厉某因不服上海市某区卫生健康委员会（以下简称某区卫健委）所作答复及市卫生健康委员会（以下简称市卫健委）作出的行政复议决定，向某区法院提起行政诉讼。某区法院经审查后认为，厉某的起诉不符合法定起诉条件，裁定驳回起诉。厉某遂上诉至上海市某中级法院，该院裁定撤销某区法院一审裁定，并指令某区法院继续审理。后某区法院重新对本案进行审查。开庭当日，因疫情期间进入法院的安检程序更为复杂，厉某于原定开庭时间15分钟后方进入法庭；某区法院遂以厉某经传票传唤，无正当理由拒不到庭为由，裁定按照撤诉处理。厉某不服，向某中院立案庭邮寄再审申请书但被退回，遂向某区检察院申请监督。某区检察院审查后提请上海市检察院某分院对该案进行抗诉。

上海市检察院某分院认为，《行政诉讼法》第58条规定，经人民法院传票传唤，原告无正当理由拒不到庭，或者未经法庭许可中途退庭的，可以按照撤诉处理。根据本案查明的事实，法院预定的开庭时间为9点30分，而厉某于9点29分已到法院门口。厉某主观上没有拒绝出庭的意图，客观上也在开庭当日前往了法院。虽然其进入法庭的时间迟了15分钟，但并未造成庭审无法继续的严重后果。法院仅以厉某迟到15分钟为由，认定其"拒不到庭"，既与事实不符，也对当事人过于严苛。依规定，行政诉讼当事人撤诉后无法再以同一事实和理由再行起诉，若裁定按照撤诉处理，实际上将使当事人丧失诉权。某分院依法提出抗诉。

某中院采纳检察机关的抗诉意见，2021年5月26日，再审裁定撤销行政裁定并发回某区法院重审本案。

【意义】

行政诉讼与民事诉讼相比具有其特殊性，当事人撤诉或者法院按撤诉

处理以后，当事人不能另行起诉，亦即撤诉在行政诉讼中意味着当事人彻底丧失诉权。由于行政诉讼中撤诉的"不可撤销性"，法院应当审慎地作出"按照撤诉处理"的裁定，以充分保障当事人的诉权。为了维护司法审判的严肃性和权威性，对于类似的迟到行为，合议庭可以采用批评教育、训诫等方式作出否定性的评价和处理。检察机关基于案件事实，通过抗诉监督人民法院涉及当事人诉讼权利的裁定，保障了当事人的诉权。

8. 潘某诉江苏省某市人社局退休行政审批监督案

【关键词】

行政裁判结果监督　提前退休　行政审批　抗诉

【案例简介】

潘某（1960年5月生）自1985年起在江苏省某市电缆厂工作至2004年8月该厂破产。潘某职工档案中一份《企业职工档案工资审批表》记载其工种为"挤橡"（有害身体健康的特殊工种）。《电缆厂工资发放名单》反映潘某自1991年4月至2001年3月在电缆车间工作，但未逐年记载工种。2015年5月，潘某向某市人社局提出特殊工种提前退休申请，该局认为潘某从事有毒有害工种未满8年，不予审批提前退休。潘某不服，向某铁路运输法院（集中管辖）提起行政诉讼，法院判决驳回潘某的诉讼请求。潘某提出上诉，某中级法院判决认为，潘某不符合按特殊工种办理提前退休所需的"从事其他有害身体健康工作的必须在该工种岗位上工作累计满8年"的基础条件。潘某申请再审未获支持，向某市检察院申请监督。某市检察院依法审查后提请省检察院抗诉。

江苏省检察院经调取原始全部档案材料、查询当时工资登记政策、询问同车间负责人、核实同种情形行政机关处理情况等查明，潘某自1991年至2000年在电缆车间工作，该车间有毒有害工种与非有毒有害工种系分开制作工资发放名单；自1991年企业职工工资改革为一张工资审批表记载工资变动情况后，潘某仅有一张工资审批表而无工种变化记录；与潘某相同情况的其他工人已获批提前退休。检察机关审查认为，经调查证实潘某从事"挤橡"工作满8年以上，工种未发生过变化；行政机关对相同情况作出相反的处理结果，明显不当。据此，省检察院向省高级法院提出抗诉。再审过程中，人社局同意为潘某办理提前退休手续并补发相关待遇。2021年6月18日，人社局为潘某补办了提前退休手续，并补发2015年6月至2021年6月退休待遇18万余元。

【意义】

特殊工种提前退休制度是对特殊劳动群体进行的劳动保护。检察机关围绕特殊工种工龄认定问题，通过调取原始全部档案材料、查明当时工资登记政策、搜索同种情形行政机关处理情况等证据，根据优势证据标准，运用逻辑推理和生活经验全面、客观和公正地分析判断，明晰案件基本事实，据此针对行政机关就同种情形作不同处理的情况，依法提出抗诉，予以监督，促成行政机关在再审中主动认领职责，实质性解决问题，维护特殊工种劳动者合法权益。

9. 浙江省某县法院及行政机关违法减免罚款行政非诉执行监督案

【关键词】

减免罚款　超越职权　类案监督　争议化解

【案例简介】

2021年3月，浙江省某县检察院在上级检察院与司法行政机关联合开展的行政处罚中罚款及加处罚款执行情况专项监督检查工作中发现，某县法院与部分行政机关在行政非诉强制执行过程中，通过互致结案函等方式违法减免罚款本金。经调查查明：2014年以来该县法院先后共有5位法官在105件行政非诉执行案件中存在违法减免罚款本金问题，减免罚款本金涉及10个行政机关，行政相对人涉及3个村级集体经济组织、5家企业、99名个人，减免放弃金额达157.19万元。

某县检察院认为，不同于民事"意思自治"原则，行政处罚具有法定性，行政强制法等法律没有赋予行政机关减免罚款本金的权力，且法院已作出准予强制执行裁定，在此情况下行政机关及法院在强制执行过程中以结案函等方式对罚款本金予以减免放弃并执行结案属于超越职权，明显违反法律规定。2021年8月，该院依法分别向县法院及相关行政机关制发类案检察建议，上述案件全部恢复执行，办案法官受到党政纪处理。鉴于案件时间跨度长、涉及人员多，法院及行政机关存在过错等因素，该院主动向党委政法委汇报，联合法院、行政机关、属地乡镇等积极参与后续对被执行人的释法说理与矛盾争议化解工作，通过分类处理，未出现申诉信访等问题，取得良好效果。

鉴于部分法院对行政非诉执行案件确定1名法官统一集中办理，缺少必要的监督制约，存在违法可能性较大的情况，上级检察院遂在全市部署开展行政非诉执行监督专项活动，截至2021年10月底，全市检察机关先后对违法受理裁定、违法减免罚款本金、怠于执行等违法问题发出检察建议268件；对审执人员违法问题提出检察建议6件次；针对行政机关存在的违法问题先后提出检察建议36份，有效推进依法行政。

【意义】

根据行政强制法相关规定，行政机关在不损害公共利益和他人合法权益的情况下，可以在执行阶段有条件地减免当事人加处的罚款和滞纳金，但无权力对罚款本金予以减免放弃。执行阶段行政处罚决定已经法院裁定准予强制执行，行政机关和法院再对罚款本金进行减免，变相改变了行政处罚决定，违反法律规定。检察机关对违法减免或放弃罚款本金进行监督，同时坚持对事类案监督和对人监督，纠正法院及行政机关错误执行理念，从源头上整治执行"顽疾"，有力维护行政处罚的严肃性，提升检察监督质效。

10. 陈某诉安徽省某市某区人社局撤销劳动监察决定监督案

【关键词】

行政裁判结果监督　抗诉　"穿透式"监督　诉源治理

【案例简介】

2015年1月，某公租房工程建设中，部分农民工向安徽省某区人社局投诉项目负责人陈某拖欠工资。2月13日，区人社局下达责令改正决定书，责令陈某一日内足额支付农民工工资，并于当日以其涉嫌拒不支付劳动报酬罪将该案移送至公安机关。公安机关立案侦查后移送审查起诉，某区检察院经审查，因证据不足对陈某作出不起诉决定。6月10日，陈某诉请撤销责令改正决定书。经一审、二审、再审程序后，某市中级法院指令某区法院重审，该院认为责令改正决定书事实不清、证据不足，程序违法，判决撤销。区人社局提起上诉，某市中级法院认为再审一审判决适用法律错误，判决撤销一审判决，驳回陈某诉讼请求。陈某不服，向某市检察院申请监督。

市检察院经审查卷宗、询问当事人等调查查明：某公租房工程由某建投公司发包、某建设公司中标，经层层非法转包，陈某以项目负责人的名义组织施工，其间因农民工投诉欠薪，该区人社局作出责令改正决定书，但未实际执行；所投诉欠薪问题属实，但认定责任主体为陈某证据不足，后经某区人民政府委托审计，陈某并不欠薪；某建投公司等牵头处理欠薪问题，农民工工资已得到妥善支付；某建设公司收尾施工，公租房亦验收入住。经审查认为，责令改正决定书认定陈某拖欠工资基本事实缺乏充分证据证明，且部分证据形成于作出该决定之后；行政机关仅举证一名执法人员执法资格证，属程序违法；责令陈某一日内足额支付拖欠的工资违反合理行政原则。综上，被诉行政行为认定事实的主要证据不足，违反法定程序且明显不当，法院判决存在错误。某市检察院提请抗诉，省检察院审查后提出抗诉，省高级法院于2021年4月7日再审后采纳抗诉意见，判决撤销责令改正决定书。

检察机关对办案中发现的某市公安局某分局、某区人社局执法不规范以及某区住房和城乡建设局对非法转包、分包监管不到位等问题分别提出检察建议，建议对全区工程非法转包、分包等违法行为进行整治，均获采纳整改。

【意义】

检察机关将"以人民为中心"司法理念融入行政检察工作，长达6年之久的行政争议得到实质性化解，同时坚持全面审查与诉源治理相结合，践行"穿透式"监督理念，运用检察建议将监督触角延伸至社会治理领域，有效促进依法行政。

11. 福建省某市市场监管局未依法履行对个体工商户监管职责监督案

【关键词】

一案多查　督促行政机关履职　吊销营业执照

【案例简介】

2019年10月至11月，吴某在福建省某市辖区通过工商登记分别注册成立两家个体工商户，并分别开设对公银行账户，后将前述营业执照、对公银行账户等出售给他人（另案处理）。2019年11月至2020年3月，前述对公账户共接收非法钱款共计3300万余元。2021年5月15日，某市人民检察院依法以买卖国家机关证件罪对吴某提起公诉。

某市检察院刑检部门在办理吴某买卖国家机关证件一案中发现，嫌疑人吴某通过注册个体工商户、办理营业执照和对公账户后出售牟利。刑检部门及时将上述线索移送本院行政检察部门进行审查。通过查阅卷宗、讯问当事人，并依托"国家企业信用信息公示平台"进行企业信息查询，发现嫌疑人的个体工商户注册后并未实际经营即被出售用于接受非法钱款，实为"空壳市场主体"。相关行业主管部门在登记审查、营业执照办理过程中以书面审查为主，未进行实质审查。这些用于犯罪的市场主体在检察机关提起公诉后仍处于存续状态，存在继续为实施犯罪提供帮助的危害性。经查，嫌疑人注册的对公账户共接收非法钱款共计3300万余元。2021年5月25日，某市检察院针对该案中反映出的行政管理漏洞，向该市市场监督管理局发出检察建议，建议该局加强市场主体设立登记管理，依法履行对个体工商户的监管职责，对涉案个体工商户进行处理。

某市市场监督管理局收到检察建议后，随即启动销户清理专项活动，除对涉案个体工商户依法进行处置外，共清理580余家连续两年未年报、连续6个月以上未进行纳税申报的企业，其中的78家流入非法款项近5亿元。同时，加强对企业登记活动的监督管理，在窗口发放相关材料宣传提供虚假材料骗取登记和买卖营业执照所需承担的法律责任，提升公众法律意识，同时通过国家市场监管总局开发的"登记注册身份验证"小程序，对申请注册的人员身份进行逐一验证，切实加大审查力度。

【意义】

随意买卖工商营业执照的行为，不仅严重影响国家机关行政管理活动，也破坏了市场经济秩序，还为各种电信网络诈骗犯罪提供便利，成为助推电信网络新型违法犯罪的"黑灰产业"。检察机关坚持"一案多查"，在审查刑事案件中，以诉讼监督为立足点，以督促行政机关履职为主线，密切关注行政执法漏洞并依法纠正，推动法治政府建设。

12. 陈某甲等人诉江西省某镇、某县政府土地行政管理监督案

【关键词】

林地权属争议　调查核实　抗诉

【案例简介】

1982年林业"三定"时，陈某甲、陈某乙之父陈某分得某自留山使用权，自留山使用证载明四至。陈某亡故后，某县政府给陈某甲颁发林权证，四至界址与自留山使用证一致。1989年，周某同陈某甲置换林地后就地建房，后双方因权属四至发生纠纷。2017年9月，陈某甲向某镇政府申请调处，镇政府依据此前县林业局出具的《林地界址调查报告》作出处理决定书，其中第2条认定周某家的晒场、菜园在陈某甲自留山林权范围外，属村集体土地。陈某甲、陈某乙、周某均不服申请行政复议，县政府作出行政复议决定予以维持。陈某甲、陈某乙不服提起诉讼，请求撤销处理决定书第2条和行政复议决定。一审法院驳回了陈某甲、陈某乙的诉讼请求。陈某甲、陈某乙经二审、申请再审被驳回后向江西省某市检察院申请监督。

市检察院检察长主办该案，开展了调查核实：实地察看争议山场界址，询问了解林业"三定"时期该村山林分配、空荒地、周某家住房位置原貌及林权证四至等情况，协调镇政府对陈某甲自留山界址以及周某住房、晒场、菜园是否在陈某甲自留山范围内进行司法鉴定。市检察院认为，处理决定所依据的《林地界址调查报告》认定事实错误，镇政府的处理决定错误、程序违法，法院判决存在不当，向江西省检察院提请抗诉。江西省检察院审查后依法提出抗诉，省高院裁定指令某市中院再审，市检察院检察长出席再审法庭。2021年7月，市中院作出再审判决：撤销原一审、二审判决；撤销行政复议决定和处理决定书的第2条；责令镇政府重新作出处理决定。2021年11月11日，某镇政府重新作出处理决定，确认周某住房、晒场和菜园均包含在陈某甲自留山范围内，周某应当置换住房、晒场和菜园同等面积的土地归陈某甲家经营并确权。

【意义】

山林权属事关农民根本利益和社会稳定。山林权属争议因时间跨度长,经历权属演变、界址变化、政策调整,又受自然条件、人为因素影响等,往往错综复杂,充分调查核实是查清案件事实,准确回应当事人利益诉求的有效方式。检察机关通过实地察看、走访村民等方式调查核实,查清事实,监督纠正,并督促政府弥补管理漏洞、规范办案程序,促进行政机关依法行政,维护了当事人合法权益。

13. 付某诉山东省某县国土局及第三人夏某土地登记监督案

【关键词】

土地登记　土地承包经营权　检察建议

【案例简介】

付某等人以家庭承包方式取得案涉土地承包经营权。2003年，夏某分别与付某等16户村民签订包产合同（约4.6亩农用地），与另外44户村民签订租赁农用地（约3.08亩）合同，设立汽车工具公司，在上述土地上建设厂房。2004年4月，案涉4.6亩农用地被征收转为建设用地，2008年1月某县国土局予以土地登记，汽车工具公司取得国有土地使用权证。付某等16户村民2014年向汽车工具公司索要土地占地费遭拒付时才得知案涉土地被征收。2014年8月县政府又就同一宗地为付某等人颁发了土地承包经营权证。付某等人认为，案涉4.6亩土地征收前未予公告且"一地两证"不合法，遂于2017年10月诉请撤销国有土地登记行为。一审法院认为，县国土局登记程序合法，驳回付某等人的诉讼请求。付某等人上诉、申请再审均被驳回，向检察机关申请监督。

某市检察院依法受理，指令某县检察院协助审查并开展争议化解工作。经审查认为，县国土局的土地登记行为合法，法院判决并无不当。本案土地行政登记诉讼，实系夏某拖欠付某等村民占地费引发的纠纷，其根源在于政府征收土地未履行法定程序并重复颁证、对夏某占用涉案农用地违法建设厂房行为怠于履职。针对付某等人诉讼多年无果，涉案人员众多，有必要监督行政机关依法行政，解决根源性矛盾等情况，两级检察院成立专案组，与付某等当事人沟通，并与县国土局、某镇政府等组织见面会，听取各方意见。针对审查中发现的行政机关征收土地未依法公告、对案涉土地重复发证等违法行为依法监督，某县检察院分别向县农村农业局、自然资源和规划局（原国土局）制发检察建议，从充分保障农民合法权益、依法撤销重复颁发的承包经营权证，对农用地使用加强监管、改进行政执法工作等方面提出监督意见；针对夏某的违建行为，启动行政公益诉讼诉前程序督促县综合执法局依法履职。相关行政机关对检察建议均予以采纳，先后回复整改情况。夏某支付拖欠的占地费，双方达成和解，付某等人领取了征地补偿款。2021年6月付某等人撤回监督申请。

【意义】

土地承包经营权对于农民生活和农村发展具有重要的保障作用，事关农民根本利益，《民法典》进一步明确土地承包经营权的物权性质，规定承包经营权人对承包土地依法享有占用、使用和收益等基本权利。检察机关针对土地行政登记争议所反映出的根源性问题，通过督促行政机关依法行政，促进了行政争议实质性化解，有效维护了农民依法享有的土地承包经营权。

14. 敖某诉湖北省某县房管局不履行行政登记职责监督案

【关键词】

行政裁判结果监督　房屋登记　抗诉　第三人权益保护

【案例简介】

2003年6月，敖某依据与湖北省某县饮食服务公司签订的《房屋转让协议》，向某县房地产管理局（因机构改革，职能划入自然资源和规划局，以下简称房管局）申请，将原属敖某和沈某共用的公共通道房产确权至其名下，房管局未予登记确权。敖某不服，向某县法院提起行政诉讼，该院作出一审判决，撤销不予办理登记确权的决定，责令重新作出具体行政行为。2004年6月15日，房管局依法作出1号行政决定书，决定不予以确权登记。敖某不服，再次提起行政诉讼。2004年7月23日，某县法院一审判决判令撤销1号行政决定，责令在判决生效后30日内为敖某颁发房屋产权证书。一审判决生效后，房管局将公共通道房产确认至敖某名下。该案利害关系人沈某多年信访，均未得到解决。

2020年5月9日，某县监察委员会将线索移送至检察院。某县检察院审查认为法院判决结果可能侵害案外人沈某利益，为有效维护沈某合法权益，有必要依职权监督。经调查取证，查明：某县饮食服务公司未取得诉争通道房屋产权，对通道没有处分权；某县饮食服务公司与敖某签订的《房产转让协议》存在多个版本，前后表述不一，真实性存疑；沈某作为诉争通道权属确认的利害关系人，法院未通知其作为第三人参与诉讼。某县检察院认为，某县法院撤销行政决定、责令重作的行政判决认定事实不清，主要证据不足，遗漏必须参加诉讼的当事人，诉讼程序违法，遂提请某市检察院抗诉。市检察院经审查，依法向某市中级法院提出抗诉。市中级法院作出行政裁定，认定原审判决遗漏了必须参加诉讼的当事人，裁定撤销原判，发回重审。

2021年5月，某县法院重审该案，依法作出支持原审被告不予确认登记的行政决定，驳回原审原告敖某诉讼请求的判决。敖某不服该判决向某市中级法院上诉。2021年10月29日某市中级法院终审判决维持原判。

【意义】

检察机关对于"其他确有必要监督"的案件依职权启动行政裁判结果监督,依法充分行使调查核实权,查明案件事实,厘清了案件涉及的行政、民事法律关系,通过精准监督,依法纠正错误裁判,维护案外人合法权益,解决了长达十几年的纠纷,保障不动产物权登记制度统一正确实施。

15. 王某甲诉湖北省某县政府不履行行政协议虚假诉讼监督案

【关键词】

行政虚假诉讼　营商环境　再审检察建议

【案例简介】

2011年10月14日，湖北省某县政府招商引资建设水泥厂，征收吴某承包的采石厂二车间土地，双方签订《矿山采石厂石料生产线搬迁补偿合同》，约定吴某搬迁后重新选址矿山，县及镇政府为其办理相关采矿许可证件。同年12月23日，吴某与王某乙签订二车间生产线有偿转让协议，将全部权益转让给王某乙。二车间搬迁完毕并完成新矿选址，但采矿许可证一直未办理。2014年6月23日，王某甲以政府未履行行政协议中办证义务向法院起诉，并向法院提供其与王某乙签订的《合伙协议》《退伙协议》，证明两人原系合伙关系，两人分别出资共同收购二车间生产经营权，现王某乙已退出生产经营权。法院认为，王某甲受让经营权及相关权益符合法律规定，判决县政府向王某甲履行办证义务。因当地产业政策调整不再新批和新设置采矿权，县政府与王某甲达成和解并在2019年对其进行了经济补偿。

2020年8月，案外人王某乙到湖北省某县检察院申请监督称，其系江苏籍企业家，为经营矿山在本地设立了某建材厂，已向镇政府提交办理采矿许可证申请报告，并支付风险抵押金50万元。因采矿许可证一直未办理成功，他口头委托王某甲帮助办理采矿许可证并承诺在事后付其酬劳150万元。2019年他发现自己采矿权已被王某甲通过诉讼方式非法获取，在行政判决未被撤销情况下，自己的合法权益无法得到有效保护。

检察机关依法受理后，通过调阅诉讼卷宗，查询、调取相关证据材料，询问当事人、咨询专业人员，调取银行转账凭证后查明，吴某向王某乙转让权益，总价款为670万元，王某乙通过银行转账方式已向吴某支付570万元，下欠100万元，诉讼卷宗中《合伙协议》和《退伙协议》均存在疑点。检察机关委托鉴定机构对两份协议书中"王某乙"笔迹签名进行鉴定，鉴定意见认为均非本人所写，原审行政判决认定事实主要证据系伪造，判决结果存在错误，严重损害实际权利人利益。检察机关依职权启动监督程序，向法院提出再审检察建议。2021年11月6日，法院再审以原审判决在认定事实和适用法律上均错误为由，撤销原判决。

【意义】

在行政诉讼中，法院生效裁判具有法律效力并可以强制执行，生效裁判文书不仅在当事人之间发生法律效力，也可能在当事人之外产生法律效力。检察机关秉持客观公正立场，通过调查核实，查明虚假诉讼当事人伪造证据，虚构民事法律关系的关键事实，督促法院纠正错误行政裁判，依法保护民营企业合法权益。

16. 湖南省某县土地违法行政非诉执行监督系列案

【关键词】

行政非诉执行监督　类案监督　撤回执行申请

【案例简介】

2016—2017年，湖南省某县行政执法局查处61起违法占地案件，违法占地个人或单位均在没有依法办理用地手续的情况下，擅自占用农村集体土地进行违建，其中占用耕地合计108784平方米。行政执法局先后作出行政处罚决定，责令违法占地人或单位自行拆除违建的建筑物及构筑物，并处以罚款。上述行政处罚作出并依法送达后，各案当事人仅缴纳了罚款，未履行拆除义务，在法定期限内未申请行政复议，也未提起行政诉讼。行政执法局依法分批次向法院申请强制执行。该类案件在法院受理后不久，行政执法局向法院提出撤回强制执行申请，法院均作出准许撤回此类强制执行申请的行政裁定书。

某县检察院办案中发现该类案情况，即依职权启动监督程序。经调查，法院和行政执法局对上述案件均作结案处理，未体现执行情况；通过实地走访，发现被违法占用的耕地并未恢复原状，未得到有效保护。某县检察院审查认为，行政机关在案件并未执结的情况下撤回强制执行申请，实质上与免除对违法行为的责任追究无异，行政非诉执行与民事执行不同，其撤回执行申请权的行使应当受到限制，须在当事人已经履行、达成和解或者客观情况变化等特殊条件下才能撤回。在本案中，行政执法局在非法占地行为持续存在的情形下撤回强制执行申请显属不当；法院对撤回申请未进行合法性、必要性审查，裁定准许撤回申请亦不当。

某县检察院向法院和行政执法局提出类案检察建议。行政执法局回复，已完成拆违16起，完善相关用地手续18起，其余未拆除也未办理手续的案件，列入拆除计划，将尽快启动拆除工作。法院回复将加强对行政非诉执行案件办理的监督管理，严格按照法律法规办事。同时，以此为契机，检察院与法院、行政执法局等建立了行政非诉执行工作机制。

【意义】

实践中,行政非诉执行案件实际未执结而以"撤回执行申请"结案的情形大量存在。人民检察院发现行政机关违法撤回非诉执行申请,法院对撤回申请作出不当裁定,违法执行结案的,应当依法监督。对于行政非诉执行中的普遍性问题,可以个案为切入点开展专项监督活动。

17. 广西壮族自治区刘某等人诉相关行政机关不履行法定职责监督案

【关键词】

检察建议　司法救助　检府联动

【案例简介】

叶甲所在单位因经营困难从1997年起拖欠职工工资、欠缴职工社会保险费。叶甲2005年底退休后向单位所在辖区劳动行政部门投诉举报。2006年12月，劳动行政部门作出《行政处理决定书》。叶甲所在单位在法定期限内既不提起诉讼又不履行行政处理决定，劳动行政部门遂申请法院强制执行，法院作出不予执行裁定。2008年叶甲因病去世，其妻刘某及4名子女先后向自治区、市、县、乡镇四级人民政府及劳动行政部门、监察部门等行政机关投递申请书，继续就叶甲被拖欠财产问题投诉举报，以及申请公开行政机关责任清单或者扶贫政策等，得不到相关行政机关答复后，向法院提起行政诉讼，请求判令相关行政机关履行法定职责。刘某的长子叶乙发生交通事故死亡，叶乙的妻子及其4名未成年子女参加诉讼。2018年6月13日，某县劳动行政部门重新对某单位拖欠叶甲工资问题作出《行政处理决定书》，并向法院申请强制执行，法院以被执行人无可供执行财产为由裁定终结执行程序。至2020年，刘某等9人先后向相关行政机关提交申请书100多份，向法院提起诉讼50多起，法院以不属于受案范围、没有证据证明等为由均裁定驳回起诉。2019年至2020年刘某等人先后向北海市、南宁市和自治区检察院申请检察监督26起。

自治区检察院受理案件后经全面研判，决定联合争议地的市、县检察院开展行政争议化解工作以解决系列案件：一是走访相关行政机关和法院，全面了解情况。二是与申请人面对面交流，了解其真实诉求是讨回叶甲被拖欠的合法财产，解决生活困境，同时，缓和、消除申请人抵触心理，赢取当事人信任，阐述检察机关的审查意见，争取当事人认同。三是对个别案件中行政机关确实存在违法情形但没有对申请人的实体权益造成损害的，向有关行政机关提出检察建议，同时，自治区检察院与争议地检察机关联合开展司法救助,最大限度为申请人解决实际困难。四是为行政机关与申请人搭建沟通桥梁,当地县委、县政府拨付专项救助资金为申请人一家解决生活困难。最终,申请人撤回监督申请,撤回所有的起诉、上诉和再审申请,持续15年的纠纷"一揽子"化解。

【意义】

检察机关在监督办案中不能仅仅守住"形式上不违法"的底线,要注重贯彻能动履职检察理念,坚持依法公正办案,落实党和国家司法政策,融法、理、情于办案全过程,加强与行政机关的沟通协调,形成实质性化解行政争议的合力,妥善解决好当事人合法、合理的诉求,最大限度维护好群众的基本民生利益。

18. 海南省某市某区检察院对某区法院超标的额查封监督案

【关键词】

超标的额查封　行政非诉执行财产保全　检察建议

【案例简介】

2020年8月4日,海南省某市自然资源和规划局(以下简称某市自规局)因某开发建设总公司逾期未足额缴纳土地出让金,向某区法院申请行政非诉执行前财产保全,请求依法查封该公司名下25宗土地的使用权,价值人民币27亿余元。同日,某区法院作出财保220号行政裁定书,对上述25宗土地使用权予以查封。同年8月12日,某开发建设总公司向某区法院申请复议,请求撤销220号行政裁定书。其间,某市自规局委托评估机构对上述25宗土地使用权进行评估,总评估价值人民币60亿余元。2021年2月10日,某市自规局向某区法院发函,请求仅保留220号裁定中8宗土地的使用权查封,其余土地使用权查封事宜请依法处理。截至2021年3月26日,区法院既未对某开发建设总公司的复议申请作出裁定,亦未改变对上述25宗土地的查封。3月18日,某开发建设总公司向某区检察院申请监督。

某区检察院受理监督申请后,迅速指派检察官进行审查,经审查发现区法院查封的25宗土地使用权总评估价高达60亿余元,某市自规局向某开发建设总公司追缴的土地出让金数额仅为27亿余元,超出33亿余元,违反最高人民法院《关于人民法院民事执行中查封、扣押、冻结财产的规定》第21条之规定,属超标的额查封行为,且法院对复议申请和行政机关的发函未及时处理。随后,区检察院主动与相关行政部门、法院加强沟通协调,达成纠正本案超标的额查封问题的初步共识。2021年3月29日,区检察院向区法院发出检察建议,建议依法解除上述25宗土地中17宗土地使用权的查封。3月31日,区法院采纳检察建议,裁定解除对开发建设总公司上述25宗土地中17宗土地使用权的查封。

【意义】

检察机关在党史学习教育中践行"检察为民办实事",以回应群众关切的速度传递检察机关司法为民的温度。聚焦维护企业合法权益,在诉前财产保全阶段发现法院超标的额查封行为后,及时发出检察建议,推动人民法院依法解除部分土地使用权的查封,坚决避免"办了案子、垮了厂子"情况发生,为企业纾难解困,助力创造法治化营商环境。

19. 重庆市某区农业农村委履行农村土地流转行政管理职责监督案

【关键词】

农村土地流转　类案监督　乡村振兴

【案例简介】

近年来，重庆市某区检察院在办理吴某等 50 人与某生态农业有限公司土地租赁合同纠纷支持起诉案、杨某与重庆市某区人民政府房屋行政强制及行政复议申请监督案等民事、行政诉讼监督案件中发现，辖区农村土地流转引发的矛盾纠纷频发，损害农民利益，影响农村社会稳定，阻碍乡村振兴。2019 年 1 月至 2021 年 6 月办理此类案件 99 件 99 人。某区检察院结合所办案件，通过调查、分析发现辖区农村土地流转存在以下问题：一是流转业主擅自改变农用地用途。二是流转业主破坏土地界址，农民收回后无法复耕、复种。三是流转业主拒付租金，农民追讨无门，维权困难等。

针对辖区农村土地流转引发的纠纷频发问题，某区检察院开展调查，到土地流转现场听取基层组织、村民意见，调取某区农业农村委员会对土地流转进行管理的相关材料，听取该委意见。为从源头上降低农村土地流转风险，有效防范和化解因农村土地流转引发的纠纷，保护农民权益推动乡村振兴，维护社会稳定，某区检察院于 2021 年 7 月 26 日向某区农业农村委员会提出检察建议：一是严格资格审查准入制度。二是严格执行土地流转风险保证金或土地流转保证保险制度。三是加强日常巡查监督管理。四是加强农村土地流转法律政策宣传。

2021 年 9 月，该区农业农村委回复采纳检察建议，从进一步明确指导管理人员、开展土地流转大清理活动、建立三级备案机制、完善土地流转风险保证保险制度、严格执行风险保证金制度等 11 个方面进行整改、落实。

【意义】

检察机关在民事、行政检察监督案件办理中，发现农村土地流转领域矛盾纠纷频发、群众反映强烈的问题,通过类案分析、充分调查,找准行政管理存在的不足、漏洞,向行政主管部门发出检察建议,督促其采取有效措施,防范和化解农村土地流转纠纷,规范农村土地流转行为,保护农民权益,助力乡村振兴。

20. 张某诉重庆市某区某街道办行政赔偿监督案

【关键词】

行政裁判结果监督　行政赔偿　举证责任

【案例简介】

2016 年 4 月 28 日，张某的养殖场被重庆市某区某街道办拆除。张某向某区法院起诉要求确认拆除行为违法，区法院于 2017 年 6 月 1 日作出行政判决，确认拆除的行政行为违法。8 月 1 日，张某向某街道办递交行政赔偿申请书，后该办事处认为张某养殖场系违法建筑物，依法不应当给予任何补偿。张某于 9 月 4 日起诉至该区法院要求赔偿，法院判决赔偿张某养殖场的各项损失共计 36 万余元。张某不服赔偿金额，向重庆市某中级法院提起上诉，某中院判决驳回上诉，维持原判。张某申请再审，市高级法院指令某中级法院再审。某中级法院于 2019 年 11 月 28 日作出再审行政判决，维持原判。

重庆市检察院某分院经调查核实发现：第一，行政机关举示部分证据系在法院诉讼过程中收集，且不存在法院要求提供的情况，属于法律规定不得自行收集的证据。第二，有新的证据可以证明张某主张的拆迁损失。某分院审查认为法院判决存在错误，依法提请抗诉。重庆市检察院依法审查后，向重庆市高级法院提出抗诉。重庆市高级法院裁定提审，采纳检察机关抗诉意见，2021 年 6 月 16 日作出再审判决，认定某中级法院再审判决部分事实认定错误，适用法律法规错误，且有新的证据足以推翻原判决，判决撤销一审、二审、再审判决，并由某区某街道办赔偿张某养殖场各项损失共 39 万余元。

针对本案中某街道办违法强拆问题，某区检察院发出检察建议并当场宣告，建议某街道办进一步规范行政行为，理顺行政执法程序，依法保障行政相对人合法权益。某街道办书面回函，对检察建议予以采纳。

【意义】

行政赔偿案件在举证责任分配上不同于一般行政诉讼案件，原告对行政行为造成的损害负有举证责任，但如果因为被告的原因导致原告无法举证或难以举证，则适用举证责任倒置的规则，转由被告承担举证责任，被告提供不出相应证据的，由被告承担不利后果。在证据采信上，诉讼中被告不得自行收集证据，是行政诉讼特有的证据规则。检察机关办理行政赔偿监督案件，通过抗诉监督人民法院准确认定案件事实，正确分配举证责任，依法采信证据，确保案件公正处理。同时，发挥行政检察"一手托两家"的双重监督功能，对办案中发现的行政违法行为进行监督，促进行政机关依法行政。

21. 四川省某县刘某非法占用基本农田行政非诉执行监督案

【关键词】

行政非诉执行监督　基本农田　裁执分离　检察建议

【案例简介】

2018年7月，四川某县村民刘某未经批准，擅自在该村非法占用基本农田710.25平方米进行施工建筑。县自然资源和规划局（以下简称县自规局）依法对刘某作出行政处罚：一是限刘某在接到处罚决定书之日起15日内，拆除在违反土地利用总体规划的710.25平方米农用地上新建的建筑物，对占用的710.25平方米基本农田和林地进行治理，恢复原种植条件，并退还村社集体；二是并处罚款10653.75元。

刘某在规定期限内未履行处罚决定，亦未申请行政复议或提起行政诉讼，经催告后仍未履行。2020年1月13日，县自规局申请某县法院强制执行《行政处罚决定书》的两项内容。县法院立案受理后作出裁定：对县自规局于2019年7月5日作出的行政处罚决定书准予强制执行；交申请执行人县自规局执行。

依据土地执法查处领域行政非诉执行监督专项活动中某县检察院与县自规局等行政部门会签的《行政非诉执行工作协作配合办法（试行）》，县自规局将本案线索移送县检察院，县检察院依法启动监督程序。经审查认为，县法院对县自规局的强制执行申请，裁定由县自规局自行强制执行，未充分考虑自规局作为没有行政强制执行权的机构，存在自行执行法律依据不足、强制执行能力不够等现实困难，致使该案行政处罚一直没有执行到位。2021年6月25日，县检察院向县法院发出检察建议，建议法院及时纠正不当裁定，迅速将该案的执行措施落实到位。检察建议发出后，检察机关积极同人民法院联系，针对认识分歧进行多次探讨，在法院和行政机关之间搭建沟通桥梁，同时对行政相对人也进行了法律政策宣讲。某县法院表示，该案在处理上确实未充分考虑行政机关在执行程序和强制措施上的实际困难，经同县自规局协商后，重新作出裁定，该行政处罚决定改由违法行为所在地政府组织实施，县自规局予以协助。在检察院、法院、自规局及当地政府的协作下，该行政处罚已于 2021 年 7 月 29 日执行完毕，刘某缴纳了罚款，当地政府将违法建筑拆除，并恢复了原种植条件。

【意义】

行政机关依托行政执法与行政检察衔接机制，向检察机关移送行政处罚相关案件线索，检察机关及时履行行政非诉执行监督职能，实现良性互动；检察机关对行政非诉执行案件监督的同时，秉持双赢多赢共赢理念，在检察机关、人民法院和行政机关之间搭建沟通桥梁，协调解决裁执分离背景下基层执行难题，促进检察权、审判权、行政权同向发力，落实最严格耕地保护制度。

22. 贵州省某市自然资源局罚没财物管理监督案

【关键词】

土地执法　罚没财物管理行政争议实质性化解

【案例简介】

2020年3月，某木业公司未经有权机关批准擅自占用某村一般耕地2200平方米建设临时办公楼和库房项目，违反了《土地管理法》第2条、第44条的规定，某市自然资源局作出行政处罚决定，责令某木业公司退还非法占用的土地，并没收在非法占用土地上建设的所有建筑物及附属设施，罚款11000元。某木业公司履行了罚款义务。但某市自然资源局未将没收的建筑物和其他设施进行处置。该市检察院在开展土地执法查处领域行政非诉执行监督专项活动中发现，某市自然资源局履职存在违法情形，遂依职权启动监督程序。

市检察院认为，根据《罚没财物管理办法》第13条规定以及《贵州省罚没财物管理办法》第10条规定，某市自然资源局未对罚没财物进行处置违反了上述规定。2021年9月22日，市检察院向市自然资源局提出检察建议，建议纠正怠于履职的情形。市自然资源局收到检察建议后立案执行，将某木业公司所建1300平方米的建设物和其他设施移交该市某镇人民政府处置，并附非法财物移交清单。

市人民检察院经调研，撰写2018年以来土地执法案件情况调研报告，促成某市人民政府出台决议，明确罚没财物的处置方案，解决了行政执法特别是没收违法建筑物的执行难题，并以此为契机，发出类案检察建议，促使自然资源局将100余件涉及罚没财物案件以本案的模式分批次按步骤移交处置。

【意义】

实践中，因无法对没收的财物进行处理，自然资源部门作出没收违法用地上的建筑物、构筑物的行政处罚后，以清单形式移送给同级财政部门，财政部门无法管理处置，导致被没收的建筑设施继续处于违法状态的情形大量存在。检察机关以个案监督促类案问题解决,推动制度出台,切实解决没收违法建筑物、构筑物行政执法难题,为百余件行政处罚案件找到执行的突破口,达到了办理一案、治理一片的效果。

23. 某供水公司诉云南省某县水务局取水许可监督案

【关键词】

行政许可　"放管服"改革　检察为民办实事

【案例简介】

2014年，某县某村小组为解决村内人畜饮水困难，引进某供水公司参与老旧自来水设施的维修、改造和后续供水及管理。2016年8月，供水公司取得《取水许可证》并进行优惠供水，该项目的建成解决了某村小组和驻地解放军、医院、学校等周边村寨1000余户6000余人的人畜饮水问题并让村民参与分配经营利润。2018年11月，县水务局以审批程序违法为由撤销了供水公司的《取水许可证》。供水公司不服，向法院提起行政诉讼，一审法院判决驳回公司的诉讼请求。二审期间，供水公司与水务局达成和解，约定供水公司重新提出取水许可申请，水务局重新受理审查，法院据此裁定准许公司撤回上诉和起诉。2019年11月28日，供水公司向水务局重新提出申请，水务局于同日出具《办理取水许可证须提供材料通知书》，要求供水公司提交环评报告书、可研报告等超出规定范围的材料，供水公司无法提供全部材料。此后，供水公司又多次向水务局提出申请未得到解决。2020年9月，供水公司向检察机关申请监督。

检察机关经审查认为，水务局要求供水公司提交的环评报告书、可研报告等材料超出了法律规定应提交的材料范围，导致供水公司无法及时提交而使取水许可申请不能进入受理审查程序，同时，水务局的行为也与国家有关"放管服"的政策相违背，违反了行政许可法、《取水许可和水资源费征收管理条例》以及《取水许可管理办法》的相关规定，遂向水务局发出检察建议，督促纠正。2021年5月底，水务局采纳检察建议，向供水公司重新颁发《取水许可证》，一起持续6年的行政许可纠纷彻底化解。

【意义】

检察机关切实充分运用检察智慧，对行政机关擅自抬高市场准入门槛、违反法律规定加重市场主体负担的行政违法行为依法实施监督,并在检察建议中予以释明,为优化营商环境,积极贯彻党中央"放管服"改革和"六稳""六保"政策贡献检察力量。

24. 西藏自治区某县涉土地征收行政争议实质性化解系列案

【关键词】

土地征收　化解行政争议　诉源治理

【案例简介】

2014年至2020年，西藏自治区某县四个乡在修建公路与小城镇建设中，发生多起争议。其中，土地征收或占用争议3起，涉及18户村民土地共计2257平方米，未支付补偿款；扎某房屋70平方米被征收，行政部门因漏报数据未支付补偿款；严某所建房屋被相关行政部门认定为违法占地；云某和吉某2980平方米耕地因修建公路被冲毁无法耕种，未支付补偿款；因修建公路采挖砂石料，公路项目指挥部与公路沿线村居及村民协商以每公里4万元的标准补偿地材费，公路修建完毕后，沿线973户村民未得到补偿。

2021年7月至8月，某县县委陆续将上述案件线索移交某县检察院，要求开展化解工作。某县检察院根据每起案件具体情况，综合采用调取相关法律文书、查验土地权属证件、实地勘察、邀请政府参与调查等多种不同方式查明：3起土地征收或占用案件，涉案土地、房屋确被征收或占用，但未得到补偿；严某所建房屋在农村宅基地范围内，不属于违法建设；修建公路与河流改道、河水冲毁云某和吉某耕地之间具有直接因果关系，应当给予补偿；未按约定支付973户村民地材费的行为违法。

2021年8月至9月，某县检察院在调查核实的基础上，通过释法说理、协调督促、组织召开座谈会、向政府提交专项报告等方式化解了行政争议。3起土地征收、占用案，乡政府已拨付土地征收费；扎某房屋征收案，县政府同意按照1：1置换政策进行房屋置换，多余面积由扎某按照现有市场价格购买；严某违法占地建房案，县自然资源局依法确认了涉案房屋土地性质，并将在全面核查该乡占地建房情况后向严某发放房屋产权证；耕地被毁补偿案，县交通局、县政府决定以漏征方式予以补偿，且已全部兑现；地材费支付案，按照公路路程计算地材费共计280万元已全部拨付。

【意义】

检察机关深入贯彻中央关于平安中国建设工作要求,以充分全面履职服务保障社会稳定大局,深化行政争议实质性化解工作,自觉融入多元矛盾纠纷预防调处化解综合机制,妥善化解群体性矛盾,注重诉源治理,从源头消除影响社会安全稳定的潜在风险,依法保障基本民生。

25. 甘肃省某县人社局怠于履行技能培训管理职责监督案

【关键词】

个人信息保护　社会治理　检察建议

【案例简介】

2020年1月15日，甘肃省某县人力资源和社会保障局与某精工职业技术培训学校（以下简称培训学校）签订《劳动力技能培训服务机构入围采购项目委托培训协议》，协议约定由该局委托培训学校对某县有培训需求的建档立卡贫困劳动力等群体进行职业技能培训。培训期间，培训学校工作人员利用便利，获取培训人员及部分农户的身份证号码、照片等个人信息，与电信代理商合伙非法办理300余张电信电话卡并获利2万余元。

某县检察院刑事检察部门在办理帮助信息网络犯罪活动案件中发现该线索。经移送行政检察部门审查认为，依据《省脱贫攻坚领导小组转移就业专责工作组成员单位工作任务清单》及中共甘肃省委办公厅、甘肃省人民政府办公厅《甘肃省脱贫攻坚领导小组专责工作组成员单位责任清单及问责办法》等要求，人社局统筹负责脱贫攻坚劳动力培训和劳务输转工作，以建档立卡贫困劳动力为重点，开展精准扶贫劳动力培训，实现每个家庭有培训需求的劳动力掌握一项农业实用技术或就业技能。人社局作为负责县劳动力培训和劳务输转工作的部门，对涉案培训学校的上述行为，存在怠于履行对劳动力技能培训机构监管职责的情形。

某县检察院遂向人社局发出检察建议书，建议其对培训机构的资质严格审查，对培训机构工作人员的教师资质、道德品行等从严把关，确保类似行为不再发生；同时加强监管，严格落实培训机构保密工作责任，切实维护广大群众的个人信息安全。2021年4月30日，该局答复称，对培训学校负责人及相关教师进行了提醒约谈，培训学校解聘两名涉事教师。同时，该局组织县域内全部培训机构召开专题会议，与各培训机构签订职业技能培训和劳务就业保密工作协议书，要求各培训机构引以为戒，切实做好信息安全保密工作。

【意义】

个人信息事关个人隐私,是每一位公民的基本人权,任何组织或者个人需要获取他人个人信息的,应当依法取得并确保信息安全。检察机关发现行政机关怠于履行监管职责,以致个人信息大量泄露、被他人非法利用并牟利,依法提出检察建议,有效维护公民个人信息安全,取得了良好的监督效果。

26. 甲公司诉青海省某市房管局不履行补偿职责监督案

【关键词】
公开听证　释法说理　一体化办案

【案例简介】

某大厦建设项目长期处于停滞状态，造成土地资源闲置。青海某市政府于2001年11月17日作出批复，由该市房管局负责收回该项目，并要求该局对甲公司在该大厦项目的前期投入给予合理补偿。另一案件中，司法机关委托鉴定机构对该大厦前期投入进行评估，认定前期投资为2800余万元。2001年12月15日，甲公司将项目施工现场交给市房管局，该局将该项目施工现场转交给乙公司，乙公司进场实际支付甲公司欠付的工程款、抵扣款。2016年3月29日、9月23日甲公司向市房管局、市政府提出书面补偿申请，请求依法给予征用补偿。2016年11月28日，甲公司以市房管局、市政府不履行法定职责一案向市中级法院提起行政诉讼。市中级法院以超出起诉期限为由驳回甲公司起诉。甲公司不服，向青海省高级法院上诉。经青海省高级法院两次指令市中级法院继续审理，市中级法院裁定由某区法院审理后，甲公司诉讼请求被驳回，甲公司再次提起上诉后，市中级法院维持原判。甲公司不服，申请再审被驳回。甲公司向检察机关申请监督。

检察机关审查认为，2002年6月24日至2004年12月6日，乙公司对大厦项目付款金额共计2800余万元，已超过大厦前期投资金额，乙代为支付的工程款、抵扣款可视为市房管局支付的补偿款项，甲公司实际损失已补偿到位。检察机关考虑到该案争议时间跨度长、金额大、矛盾激烈，采取一体化办案方式，进一步核查案件事实，先后邀请行政机关代表、法学专家作为本案的听证员，以公开听证的方式听取双方意见；多次联系当事人，将走访行政机关的相关情况向当事人沟通协调，并向当事人开展释法说理，促进矛盾化解，终使各方当事人服判息诉。

【意义】

检察机关在依法作出检察监督决定前,通过公开听证,全面听取各方当事人意见,依托社会力量,做好释法说理工作;同时,充分发挥行政检察一体化机制作用,省院、市院一体联动,多次组织各方当事人深入沟通,形成工作合力,共同化解案涉矛盾纠纷,一起持续近20年的行政争议实现案结事了政和。

27. 某汽车养护中心与新疆维吾尔自治区人社厅、某市人社局及余某工伤认定监督案

【关键词】

行政裁判结果监督　工伤认定　民营企业保护

【案例简介】

2014年7月，新疆维吾尔自治区乌鲁木齐市某汽车养护中心（以下简称汽车养护中心）职工余某在道路上测试维修车辆时发生事故，致其胸椎受伤，被鉴定为一级伤残，完全丧失劳动能力，长期在医院住院治疗。余某向某市人社局申请工伤认定。自治区、市人社部门就是否认定工伤先后4次作出决定和复议决定，三级法院先后6次作出裁判。2020年6月，某市中院作出终审判决，认为余某所受伤害确系工伤，判决驳回汽车养护中心的诉讼请求。汽车养护中心申请再审亦被驳回。2021年3月，汽车养护中心认为余某所受伤害非因工作原因所致，向检察机关申请监督。

检察机关经审查认为，终审法院认定余某驾驶车辆外出是为了测试维修车辆，符合一般常理和生活经验，判决结果并无不当。汽车养护中心认为余某不构成工伤，但提供的证据不足以证明其主张，申请监督理由不能成立。在调查中发现汽车养护中心与余某因工伤赔偿产生的民事纠纷，正在某区法院审理。为实现案结事了，检察机关对开展行政争议实质性化解进行研判。一方面，汽车养护中心因陷入常年诉讼，严重影响其生产经营活动，而家在四川的余某，为解决纠纷已在乌鲁木齐住院治疗7年，双方当事人均有尽快解决行政争议和民事纠纷的意愿。另一方面，本案中行政争议与民事纠纷相互交织，双方对赔偿数额等问题存在较大分歧，该案争议化解难度较大，但存在化解可能。检察机关多次组织双方当事人商谈，邀请专业第三方计算赔偿金额，使双方逐步减少分歧；通过召开听证会，向双方讲清讲透法律关系，并让当事人充分发表意见，汽车养护中心当场接受认定工伤的意见，自愿撤回监督申请。双方的民事纠纷亦在检察机关的主持下，以和解结案，案涉矛盾纠纷"一揽子"解决。

检察机关对本案进行总结分析发现，工伤认定在法院终审判决生效后

18 个月才重新作出，一定程度上影响了本案纠纷的及时解决，遂针对这一问题从维护司法权威、依法行政、服务企业发展的角度，建议人社部门改进工作。人社部门表示今后进一步规范工伤认定程序，及时履行法院判决，更好地服务经济社会发展。

【意义】

人民检察院办理涉及民营企业的行政争议、民事纠纷交织的申诉案件，要树立服务保障民营经济发展的办案理念，综合运用调查核实、公开听证、释法说理、促成和解等方式，使行政争议、民事纠纷一并审查、一并处理，维护当事人合法权益的同时，帮助企业尽快恢复正常生产经营秩序。

28. 新疆生产建设兵团某垦区检察院对某垦区法院违法收取诉讼费监督案

【关键词】

依职权发现　案件受理费　类案监督

【案例简介】

2021年3月底，新疆生产建设兵团某垦区检察院在专项监督活动中发现，某垦区法院在2018年至2020年审理杜某诉第七师某农场土地行政确认等14件行政案件过程中存在以下共性违法行为：一是收取案件受理费方面违反《诉讼费用交纳办法》（以下简称《办法》）（2006年，国务院令第481号）第13条第1款第5项以及最高人民法院《关于适用〈诉讼费用交纳办法〉的通知》（法发〔2007〕16号）第1条的规定，在案件受理费应当为50元的情况下，收取案件受理费100元。二是在裁定准予当事人撤诉的情况下，未依照《办法》第15条减半收取案件受理费，在应当收取案件受理费25元的情况下，收取案件受理费100元。

经了解，某垦区法院受理行政案件一直按照1989年《人民法院诉讼收费办法》第5条第6款第3项关于"其他行政案件，每件交纳三十元至一百元。有争议金额的，按财产案件收费标准交纳"的规定标准收费，按每件100元收取案件受理费。

经请示某师检察分院，某垦区检察院于2021年3月29日向某垦区法院制发检察建议书，要求人民法院对违法收取诉讼费问题及时纠正并进行全面自查，确保今后案件审理过程中依法依规收取案件受理费。人民法院于4月26日书面回复人民检察院，已按照检察建议书列明的14个行政案件的案件受理费收取情况进行自查，纠正违规收取行为，同时全面排查《诉讼费用交纳办法》出台后，审理的行政案件的案件受理费收取行为，分步骤予以纠正。

【意义】

诉讼收费与当事人的权利保护直接相关，检察机关以类案监督的方式，纠正人民法院违法收取案件受理费行为，规范法院行政案件办理的

"第一步",有效监督人民法院行政诉讼活动,切实维护案件当事人的合法权益,将党史学习教育和政法队伍教育整顿成果转化为行政检察监督工作成果,进一步提升司法公信力。

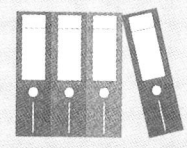

附录　相关新闻报道

2021年度十大行政检察典型案例评选结果揭晓

徐日丹[*]　刘亭亭[**]

1月24日,由最高人民检察院第七检察厅与中国法学会行政法学研究会主办、对外经济贸易大学法学院和《经贸法律评论》编辑部承办的2021年度十大行政检察典型案例评选结果揭晓。

2021年度十大行政检察典型案例包括:崔某诉北京市公安局某分局政府信息公开监督案,张某诉辽宁省某县农合局履行报销医疗费用职责监督案,上海市某区检察院对交通道路标线设置不合理监督案,王某诉江苏省无锡市某区市场监管局行政登记监督案,福建省某县卫健局征收社会抚养费非诉执行监督系列案,某百货公司诉山东省某市人社局工伤认定监督案,毛某诉河南省某市公安局、市政府行政处罚及行政复议监督案,胡某诉湖南省某市某镇政府行政强制监督案,杨某诉广东省某市税务局涉税行政争议监督案,韦某、黎某诉陕西省某市某区建设局撤销备案登记监督案。

据介绍,过去一年里,行政检察干警深入贯彻习近平法治思想,从百年党史中汲取奋进力量,持续做实行政检察,注重在法律适用、政策导向、司法理念方面有纠偏、创新、引领价值的典型案件的办理,尤其是落实《中共中央关于加强新时代检察机关法律监督工作的意见》关于"在履行法律监督职责中开展行政争议实质性化解工作,促进案结事了"的要求,坚持把行政争议实质性化解作为推动"检察为民办实事"实践活动的重要载体,解民忧破难题,共化解行政争议9100余件,发布以行政争议

---

[*] 检察日报全媒体记者。
[**] 检察日报全媒体见习记者。

实质性化解为主题的指导性案例 6 件，典型案例 39 件。

此次发布会还公布了 2021 年度行政检察优秀案例，张某等人诉天津市公安局、某区分局行政处罚和行政复议监督案等 28 个案例入选。

最高人民检察院发布 2021 年度十大行政检察典型案例

朱兴鑫*

2022 年 1 月 24 日,"2021 年度十大行政检察典型案例"发布会在北京举行。该项评选活动由最高人民检察院第七检察厅(行政检察厅)与中国法学会行政法学研究会共同组织,旨在总结提炼优秀案件办理经验,以评促建、以案释法,更好推进行政检察工作发展,促进法治国家、法治政府、法治社会一体建设,助力国家治理体系和治理能力现代化。

本次发布会由对外经济贸易大学法学院和《经贸法律评论》编辑部承办,会议邀请来自相关领域的知名专家、法务工作者等线上线下参会,并围绕相关案例进行研讨。

---

* 《中国日报》记者。

事关群众利益，检察机关如何办好这些"小案"？

刘 硕[*]

"2021年度十大行政检察典型案例"24日在京正式发布。怎样维护群众利益？事关群众利益的"小案"如何办好？检察机关以案说法。

2019年至2020年，根据《福建省人口与计划生育条例》，福建某县卫健局对颜某等4户生育三胎家庭决定征收社会抚养费，后因颜某等人未主动履行缴款义务而申请法院强制执行。进入执行程序后，县法院对颜某等人采取了纳入失信名单、限制消费等措施。国家"三孩"生育政策实行后，颜某等人于2021年8月向县检察院提出监督申请，要求停止执行并解除强制执行措施。

县检察院受理案件后，调查发现全县未执结社会抚养费案件达上千件。在调查核实及沟通协调基础上，县检察院向县卫健局发出类案检察建议。2021年9月，县卫健局采纳检察建议，并向县法院申请对该类案件作结案处理。县法院及时将相关当事人从失信名单中去除，解除限制消费、财产控制等措施并结案。当地对这一问题的妥善解决，推动该县所在市以及全省检察机关对此类问题开展专项排查，群众的切身利益得到及时保护。

这些案例立足解决人民群众的实际诉求，回应人民群众的法治需求，看似是一件件普通的"小案"，实则展现了行政检察为大局服务、为人民

---

[*] 新华社记者。

司法的"大"情怀。

据介绍，检察机关办理的行政诉讼监督案件，大多经过了一审、二审、再审审查，不少还是诉争多年争议未解的陈年旧案。办理这类案件，既要尊重原来的基础事实，尊重当时的法律适用，又要在准确判断的基础上兼顾现实，在办案中以适应新时代新阶段的检察监督新理念指导推动行政检察创新发展。

毛某驾驶钩机车参与河南省某市政府主导的合村并城改造项目施工，将他人的部分房屋设施推倒损坏，房屋所有人报案。某市公安局以故意毁坏财物为由，对毛某作出行政拘留10日的处罚决定，毛某向检察机关申请监督。

检察机关认为，在政府主导实施的征收拆迁过程中，为实现行政征收目的，公民个人在行政机关组织下实施的具体拆除行为不具有独立的法律属性，应当认定为行政征收实施过程中的事实行为，由此产生的法律后果由作出征收决定的行政机关承担。检察机关向法院提出抗诉，法院依法作出改判，毛某的行政处罚最终被撤销。

在"杨某诉广东省某市税务局涉税行政争议监督案"中，检察机关发挥行政检察"穿透式"监督职能，在督促税务部门依法追缴逃税款、督促住建部门依法查处违法中介过程中，既促进企业合规经营、净化市场营商环境，又紧抓房产中介违法操作"阴阳合同"规避房屋交易税费类型化问题。

检察机关的一次次监督办案，也在促进社会治理水平不断提升。在"上海市某区检察院对交通道路标线设置不合理监督案"中，检察机关在化解行政争议同时，从同一地点、同一类型的多起违法变道案件中，发现实质上的道路标线不合理造成高发频发的违法问题，通过类案监督促进交管行政部门规范合理设置道路交通标线和技术监控设备，保障道路交通的安全畅通。

进入新时代，人民群众不仅要求实体公正，对程序公正也有更高的需求；不仅期盼公平正义，更期待以可感可触的方式实现。

最高人民检察院第七检察厅厅长张相军表示，今年检察机关将全面深化行政检察监督，办好关系人民群众切身利益的每一件"小案"，更加重视发挥典型案例的示范、引领和指导作用，让人民群众切实感受到公平正义就在身边。

"2021年度十大行政检察典型案例"发布会在贸大召开

刘婧* 王楠** 孔祥稳*** 满艺姗****

2022年1月24日上午,由最高人民检察院第七检察厅、中国法学会行政法学研究会主办,对外经济贸易大学法学院、《经贸法律评论》编辑部承办的"2021年度十大行政检察典型案例"发布会在对外经济贸易大学召开。这是继该校去年承办"2020年度十大行政检察典型案例"发布会后,再次与最高人民检察院第七检察厅和中国法学会行政法学研究会共同举办该主题的发布会。

最高人民检察院党组成员、副检察长杨春雷,最高人民检察院第七检察厅厅长张相军、副厅长张步洪,中国政法大学校长、中国法学会行政法学研究会会长马怀德,对外经济贸易大学党委书记蒋庆哲,对外经济贸易大学校长夏文斌、副校长王敬波等出席会议。来自北京大学、清华大学、中国人民大学、中国政法大学、中国社会科学院、北京金融法院、北京市律师协会等单位的多位专家学者和办案单位代表分别以线下和线上的方式参与了本次会议。对外经济贸易大学法学院院长梅夏英、对外经济贸易大学法学院党委副书记(主持工作)李欢欢、对外经济贸易大学法学院党委副书记张莉、对外经济贸易大学法学院宪法学与行政法学系主任郑雅方及法学院部分教师代表参加会议。

---

* 《北京青年报》记者。
** 对外经济贸易大学法学院硕士研究生。
*** 对外经济贸易大学法学院副教授。
**** 对外经济贸易大学法学院讲师。

发布会第一阶段开幕式由对外经济贸易大学校长夏文斌教授主持。对外经济贸易大学党委书记蒋庆哲，中国政法大学校长、中国法学会行政法学研究会会长马怀德，最高人民检察院党组成员、副检察长杨春雷先后致辞。

对外经济贸易大学党委书记蒋庆哲对莅临贸大的各位参会嘉宾表示了热烈欢迎。蒋庆哲书记在致辞中表示，行政检察监督是我国行政权力制约和监督体系中的重要一环，对促进法治政府建设、推进国家治理体系和治理能力现代化具有重要作用。过去一年里，全国检察机关牢记初心使命，在习近平法治思想的指引下办理了一批质量高、效果好的行政检察监督案件。十大行政检察典型案例的评选既是对行政检察过去一年成绩的总结和回顾，也寄托着对未来的展望。去年年初，在贸大举办的首届十大行政检察案例发布会引发了积极反响，相信本届评选一定能够"百尺竿头更进一步"，更好实现"以评促建""以案释法"的目标。贸大法学院作为中国培养涉外卓越法治人才的重镇，希望能够与最高人民检察院、中国法学会行政法学研究会进一步加强合作联系，继续做好十大行政检察典型案例的评选和发布工作，探索更丰富、更多样的合作形式。

中国政法大学校长、中国法学会行政法学研究会会长马怀德教授在致辞中提出，经评选发布的"十大行政检察典型案例"具有较强的代表性、创新性和可推广性，集中反映了行政审判和社会治理中的一些值得关注的问题：一是行政审判中对合法性审查原则和解决行政争议目的关系的认识还需要进一步深化；二是要防止执法、司法中机械适用法律的情况；三是要持续提高社会治理水平，社会治理水平和治理能力不高是导致行政争议频发的重要原因之一；四是应当根据时代的发展变化及时更新执法、审判的理念。马怀德教授同时指出，行政检察业务的价值在于可以透过现象看本质，进行穿透式、能动式的监督，解决程序空转的问题。未来应当适时修改相关的法律规定，为行政检察业务提供更加充分和全面的法律保障。

最高人民检察院党组成员、副检察长杨春雷在致辞中表示，去年首届年度十大行政检察典型案例评选活动成功举办，获得了良好的社会效果，这对深入贯彻习近平法治思想，密切检察机关与行政法学界交流互动，推动行政检察创新发展具有重要意义。2021年是党领导下人民检察制度创立90周年，党中央专门印发《中共中央关于加强新时代检察机关法律监督工作的意见》，这在党的历史上是第一次，充分体现了以习近平同志为核心的党中央对检察机关法律监督工作的高度重视。

发布会第二阶段由最高人民检察院第七检察厅厅长张相军介绍评选过程并公布入选案例。张相军厅长介绍，本次评选活动分为五个环节，分别为公开遴选、专家初评、公众投票、专家终评和对外发布。发布会第三阶段由典型案例的承办单位对案件进行介绍并由专家进行点评。本阶段由对外经济贸易大学副校长王敬波教授和法学院院长梅夏英教授主持。会议最后，最高人民检察院第七检察厅副厅长张步洪，对外经济贸易大学校长夏文斌教授先后致闭幕词。

张步洪副厅长首先向本次发布会的承办单位、专家学者、新闻媒体及全国行政检察同仁表示了感谢。随后，张步洪副厅长对专家点评进行了总结，指出各位专家对案例的学术提炼、理论提升赋予行政检察典型案例厚重的现实意义和理论价值，这些评价既是对行政检察工作的认可，更是对行政检察工作的期待和鼓励，同时也为做好行政检察工作提出了新的标准和目标。

夏文斌校长代表贸大向入选案例的办案单位和案件主办人员表示了祝贺。夏文斌校长指出，去年是建党100周年，学习党史教育活动持续展开，党的十九届六中全会全面总结了百年建党的经验，这成为我们做好行政检察工作的重要指南和时代背景。本次发布的典型案例，正是按照习近平法治思想的要求，对过去一年行政检察工作中的宝贵经验进行提炼、总结的成果。夏文斌校长进一步指出，行政检察典型案例的发布体现出三个方面的价值：一是以评促建，提升各级检察机关履职办案能力，推进行政检察工作质效提升；二是以比促学，推动行政检察理论深入发展，促进跨学科交叉融合；三是以案释法，法治是社会的良心，典型范例的发布是一堂生动的法治课，能够增进全社会的法治信仰。夏文斌校长表示，希望十大行政检察典型案例的评比和发布活动能够继续高质量地办下去，并且办得越来越好。

"2021年度十大行政检察典型案例"
发布会在贸大举行(节选)

王 楠* 孔祥稳** 满艺姗***

2022年1月24日上午,由最高人民检察院第七检察厅、中国法学会行政法学研究会主办,对外经济贸易大学法学院、《经贸法律评论》编辑部承办的"2021年度十大行政检察典型案例"发布会在我校召开。这是继去年在贸大承办"2020年度十大行政检察典型案例"发布会后,再次承办的该类主题发布会。

最高人民检察院党组成员、副检察长杨春雷,最高人民检察院第七检察厅厅长张相军、副厅长张步洪,中国政法大学校长、中国法学会行政法学研究会会长马怀德,对外经济贸易大学党委书记蒋庆哲、校长夏文斌、副校长王敬波等出席会议。来自北京大学、清华大学、中国人民大学、中国政法大学、中国社会科学院、北京金融法院、北京市律师协会等单位的多位专家学者和办案单位代表分别以线下和线上的方式参与了本次会议。对外经济贸易大学法学院院长梅夏英教授、法学院党委副书记(主持工作)李欢欢、党委副书记张莉、宪法学与行政法学系主任郑雅方教授及法学院部分教师代表参加会议。

……

山东省济南市人民检察院行政检察部副主任高强,广东省中山市人民检察院党组成员、副检察长何泳东,河南省人民检察院行政检察部三级高

---

* 对外经济贸易大学法学院硕士研究生。
** 对外经济贸易大学法学院副教授。
*** 对外经济贸易大学法学院讲师。

级检察官李军,湖南省汨罗市委书记朱平波,江苏省无锡市人民检察院第六检察部副主任雷呈学,福建省莆田市人民检察院第六检察部主任林秀媛,上海市普陀区人民检察院第五检察部副主任李小荣,北京市人民检察院第二分院第七检察部三级高级检察官刘薇,辽宁省人民检察院行政检察部副主任国小丹,陕西省铜川市人民检察院党组成员、副检察长宋卓作为典型案件承办单位代表,对典型案例的主要事实、办案过程、典型意义进行了介绍。

中国法学会行政法学研究会副会长、清华大学公共管理学院教授于安,中国法学会行政法学研究会副会长、中国人民大学法学院教授、《法学家》副主编杨建顺,中国法学会行政法学研究会副会长、清华大学法学院教授余凌云,北京大学法学院教授、《中外法学》主编、北京大学法治与发展研究院执行院长王锡锌,北京金融法院党组成员、副院长薛峰,中国社会科学院法学研究所副所长、研究员李洪雷,中国政法大学教授、《比较法研究》主编、中国政法大学比较法学研究院院长解志勇,中国政法大学法治政府研究院院长、教授赵鹏,中国政法大学法治政府研究院教授刘艺,北京市律师协会行政法与行政诉讼法专业委员会主任陈猛依次对入选案例进行了精彩的点评。

……